Für den
lieben Walter,

damit er auf dem
laufenden bleibt, am
Rande des Kraters

Herzlichst

Helga R.
5. Nov. 83

DRUCK-SACHE

Profile/Passagen/Positionen

1

Herausgegeben von
Walter Hömberg

Herbert Riehl-Heyse

Am Rande des Kraters

Reportagen und Essays
aus drei bewegten Jahren

München 1993

ölschläger

ISBN 3-88295-204-0

1. Auflage: September 1993

Verfasser: Herbert Riehl-Heyse
Herausgeber: Univ.-Prof. Dr. Walter Hömberg
Umschlag: Zembsch Werkstatt
Druck: Legoprint, Trento

©
Verlag Ölschläger GmbH
Türkenstraße 27
80799 München
Postfach 40 14 24
80714 München
Telefon (089) 28 11 30
Telefax (089) 28 14 99

Inhalt

Vorwort

Auch wenn die Begriffe "Wandel" und "Umbruch" inzwischen zu abgegriffenen Wortmünzen geworden sind - sie bezeichnen präzise die Signatur dieser Jahre. Nicht nur die Umbauten der großen Systeme, die Kursänderungen in Politik, Wirtschaft, Kultur sind voll im Gange - auch die Wandlungsprozesse im Kleinen. Die standardisierten Normalbiographien der Nachkriegszeit lösen sich auf; die lange so festgefügten Geschlechterrollen, Gemeinschafts- und Sozialformen (wie die Kleinfamilie), Ausbildungs-, Arbeits- und Berufsstrukturen - alles fließt. Was die Sozialforscher mit Hilfe demographischer und demoskopischer Daten aus der Vogelperspektive analysiert haben, ist längst auch zum Thema des Journalismus geworden.

Die Texte des vorliegenden Buches schildern ganz unterschiedliche Personen, Situationen und Konstellationen. Bei aller inhaltlicher Vielfalt haben sie nur ein Thema: den Wandel. Herbert Riehl-Heyse ist ein scharfer Beobachter von Einzel- und Eigenheiten, er liefert genaue Beschreibungen von Ereignissen, Auftritten, Figuren - nein: Menschen. Hinter dem Besonderen blitzt immer wieder das Allgemeine auf, das Ereignis wird zum Symptom. Der Reporter als Soziologe von unten - mancher kurze Zeitungsartikel ersetzt voluminöse Gesellschaftsanalysen.

Dieser Reporter schert sich wenig um die Regeln der journalistischen Ratgeberliteratur. Vorsicht vor der Ich-Form? Ganz im Gegenteil: Die subjektive Sicht dominiert, und der Verfasser offenbart ganz ungeschützt seine Gefühle. Nicht zuletzt deshalb schätzt er die Form des Tagebuchs. Warnung vor Ironie? Kaum ein Absatz, ja kaum ein Satz, in dem dieses schwierige Stilmittel nicht eingesetzt wird - vor allem, um Distanz zum Beschriebenen zu demonstrieren. Zurückhaltung mit Nebensätzen, Appositionen, Bindestrichen, Klammersätzen? Bei keinem anderen Reporter kann man so viele davon finden. Die Konfektionsware der modernen Journalismusindustrie führt er nicht im Angebot.

Reportagen leben von Authentizität und Augenzeugenschaft. Aber dieser Autor tut gar nicht so, als sei er immer als erster am Tatort. Er nimmt vielmehr den Leser mit auf den langen Weg einer Rekonstruktionsrecherche, die auch die häufig sich widersprechenden Quellen offenlegt - und damit die Widersprüche der sogenannten Realität.

Neben Reportagen hat Herbert Riehl-Heyse in den letzten Jahren zunehmend Essays publiziert. Hier schiebt sich das Allgemeine vor das Besondere. Gesellschaftliche Entwicklungen wie Demokratieverdrossenheit und Wertewandel werden direkt ins Visier genommen. Aber auch der Essayist kann den Reporter nicht verleugnen: Die Diagnose entsteht aus einem dichten Netz von Einzelbefunden.

Essays sollen, so hat einst Friedrich Schlegel gefordert, "Motion machen, gegen die geistige Gicht ankämpfen, die Agilität befördern". Das tun sie hier - aber nicht als plumpe Thesenpublizistik, sondern als offener Dialog, der mehr Fragen als Antworten bereithält. Der Verfasser, ein Freund des Understatements, nennt seine Essays schlicht "Anmerkungen". Dieser Essayist ist alles andere als ein Fundamentalist. Meinungsstarke Manifeste wird man bei ihm vergeblich suchen. Er verabscheut Schwarzweißzeichnungen und liebt die Zwischentöne.

Der häufige Wechsel der Perspektive bringt neue Einsichten; etwa jene, daß der zunehmenden Politikverdrossenheit der Bürger eine wachsende Bürgerverdrossenheit der Politiker entspricht. Die Rolle der Journalisten bleibt bei Riehl-Heyse nicht ausgespart: Die verschärfte Konkurrenz hat dazu geführt, daß "die Fabrikation von Beleidigungen und Verleumdungen zu einem interessanten Marktsegment ... in der medialen Großindustrie" geworden ist - Grund genug, immer wieder an so altmodische Berufsprinzipien wie Sorgfalt, Fairneß und Toleranz zu erinnern.

Die Beiträge stehen - von kleinen redaktionellen Eingriffen abgesehen - so im Buch, wie sie zwischen April 1991 und August 1993 in der *Süddeutschen Zeitung* erschienen sind. Der Autor hat die Texte um kurze Einleitungen und Schlußbemerkungen ergänzt, um ihren Kontext anzudeuten. So ist ein Lesebuch entstanden, das zentrale Themen der vergangenen Jahre Revue passieren läßt - Themen, die uns mit Sicherheit auch in Zukunft beschäftigen werden.

Walter Hömberg

I. Aus dem politischen Alltag

Artistische Intrigen auf dem Hochseil

Im Mai 1992 hat die Bundesrepublik überraschend einen Außenminister verloren. Das Gerangel um seine Nachfolge machte die deutschen Politiker nicht beliebter.

Worüber man drinnen so rede? Na doch über die mageren sieben Jahre der Republik, sagte traurig zwischen Tür und Angel ein Vorstandsmitglied der FDP und wollte dann doch nicht behaupten, daß man das in stilloser Umgebung tue. Golden blinkten die Einfassungen der postmodernen Glastüren im Gästehaus Petersberg, erlesen standen die Marmortische in den Hallen herum, selbst die Absperrungen waren aus rotem Samt gefertigt, die verhindern sollten, daß Unbefugte den liberalen Spitzen zuhörten bei ihrer Diskussion über Sorgen & Krisen von Staat und Partei. Weit unten im sonnenumfluteten Tal lag die hübsche Hauptstadt der Republik, der man von hier aus überhaupt nicht ansehen konnte, daß ihre Mülltonnen ein wenig überquollen vom Unrat mehrerer Tage.

Nun war es natürlich nur ein Zufall, daß an diesem herrlichen Montagmorgen all die Krisen in so idyllischer Umgebung bewältigt werden mußten. Wenn nicht gerade Streik gewesen wäre auf den Flughäfen der künftigen Hauptstadt, hätte man in Berlin getagt, wo sich die Assoziationen über die Erdenferne der politischen Klasse weniger aufgedrängt hätten als hier auf dem Petersberg. Wäre nicht Streik gewesen, wäre niemand in Versuchung geraten, die sieben mageren Jahre zu vergleichen mit jenen sieben fetten, in denen der Steuerzahler all die Bordüren und Marmortische in Auftrag gegeben hat zur höheren Ehre der deutschen Nation.

Andererseits hätte das am Tatbestand nichts Wesentliches geändert: Der Tatbestand nämlich ist der, daß sich - in Berlin wie in Bonn - weniger die Politiker von ihren Wählern entfernt haben als vielmehr die Wähler von ihren Politikern. Und daß sich die Gründe dafür augenblicklich besonders gut anhand der FDP beschreiben lassen und an dem, was ihr in diesen Tagen zugestoßen ist, stellvertretend für die ganze politische Klasse.

☆

Hinab also in den Bonner Talkessel, in die kleinen Zimmer der Abgeordneten und in die schönen großen Ministerbüros, in denen man, das sieht der Besucher auf Anhieb, gleich ein ganz anderes Lebensgefühl entwickelt. An aktuellen Fragen herrscht ja auch wirklich kein Mangel: Haben Sie Ihre Fassung nun wieder, Frau Minister Schwaetzer? Könnte es sein, daß wir Sie schon fröhlicher gesehen haben, Herr Minister Genscher? Wie finden Sie das Verhalten des Ministers Möllemann, Herr Parteivorsitzender Lambsdorff? Ach ja, sagt, bevor sie überhaupt gestellt wird, zu dieser letzten Frage Graf Lambsdorff, er persönlich sei ja "für diese Personalintrigen nicht gemacht", er habe sie "einfach nicht gelernt"; aber insoweit greifen wir vor, da sind wir schon mitten in der Geschichte einer kleinen tapferen Partei, die sich vielleicht nicht ganz ohne Gründe in einer heftigen Krise befindet.

Die Krise ist nicht aus heiterem Himmel in die Liberalen gefahren, sie war im Gegenteil gut vorauszusehen. Jedenfalls muß es einen Grund gegeben haben, warum in den letzten Monaten in manchen Kreisen der FDP immer wieder an eine Rede erinnert worden ist, die Theodor Heuss vor 44 Jahren gehalten hat, beim Gründungsparteitag seiner Partei. Anders als bei anderen Parteien, hatte der Gründervater damals gesagt, wolle die FDP nicht Menschen sammeln, "die etwas werden, sondern solche, die etwas sein wollen". Dann gingen 40 Jahre ins Land, in denen sich immer häufiger herausstellte, daß man mit etwas Glück nur einzutreten brauchte in einen Ortsverein der Liberalen, um sich ein paar Wochen später im Bundestag wiederzufinden. Und wenn man in dieser Woche Graf Lambsdorff anspricht auf Theodor Heuss, dann muß sogar der Graf ein bißchen lachen: nicht so sehr, weil gerade eine junge Abgeordnete Justizministerin geworden ist, von der die Auskunftspersonen im wesentlichen nur sagen können, sie solle ziemlich gescheit sein, soweit man das bisher beurteilen könne. Die pure Wahrheit ist nämlich darüber hinaus, daß die FDP des Jahres 1992 geradezu das Haupt-quartier von Leuten zu sein scheint, die immer noch etwas Zusätzliches werden wollen, obwohl sie es doch schon so herrlich weit gebracht haben.

Klar, Hans-Dietrich Genscher ist das Gegenbeispiel, der hat soeben mit großem Aplomb seinen Rücktritt insze-niert, um der Welt und dem Land ein Beispiel zu geben für den demokratischen Umgang mit der Macht; die sei immer nur Macht auf Zeit, hatte er persönlich im Januar dem Mitteldeutschen Rundfunk mitgeteilt, leider damals ohne größeres Echo, "was mich schon ein bißchen beleidigt hat" (Genscher). Was ihn selber anging, mußte es freilich die Macht für ziemlich lange Zeit sein, denn andererseits war Genscher natürlich dem Nachwuchs ein halbes Menschen-leben lang das mit Abstand beste Beispiel dafür, wie man es schafft und wie man es genießt, in immer noch einer Regierung wechselnder Couleur an der Macht zu bleiben, 23 Jahre lang.

In diesen 23 Jahren hat Genscher eine ganze Reihe von Ziehkindern gehätschelt, manche wieder verstoßen und manche besonders liebgewonnen; die Treuesten von ihnen aber durften aus nächster Nähe lernen, wie man Politik macht und daß es vor allem darauf ankomme, "immer an die Macht zu denken", wie das beispielsweise der europäi-sche FDP-Politiker Manfred Brunner formuliert (der auch einmal unter des Meisters Lieblingen war, bevor ihm eini-ges an Genschers Kunst nicht mehr so ganz geheuer war). Als Genscher ging und beerbt werden konnte, mußte man deshalb nicht befürchten, daß seine Schüler in Trauer ver-steinerten, schon gar nicht die aus dem Landesverband Nordrhein-Westfalen, der schon seit langem für sich be-schlossen hatte, daß die Macht in der FDP vor allem an Rhein und Ruhr zu Hause ist.

Kaum war die Rücktrittsmeldung über die Agenturen gejagt, war klar, daß Jürgen Möllemann wieder ein Stück nach oben klettern würde, auch Irmgard Schwaetzer hielt es für ganz selbstverständlich, daß sie nicht sitzenbleiben würde, darüber hatte sie nie einen Zweifel gelassen. Bei beiden wetteiferte schließlich schon immer ein gewaltiger

Ehrgeiz mit der Gewißheit, der Ehrgeiz ersetze im Zweifel leicht ein politisches Programm. Mußte nur noch die absolute Sicherheit hinzukommen, ungefähr jeder Aufgabe gewachsen zu sein, die Staat und Partei für interessierte Vertreter der jüngeren Generation bereithalten könnten: Schon hatte man für den Rest der neunziger Jahre ein paar besonders typische Vertreter jenes Machtkartells, das manche Leute gerne beschreiben, wenn sie erklären sollen, warum sie nicht mehr so gerne zur Wahl gehen.

Insoweit war die FDP aber bis vor kurzem ziemlich normal - und vielleicht wäre alles gar nicht so schlimm gekommen, wenn sich die neue Generation der FDP nicht auch noch so heftig in die Brust geworfen hätte. Wie es aussah, war sie nämlich auch noch ganz anders als die alte Generation: irgendwie moralischer nämlich, wie man noch im Oktober 1991 einem *Spiegel*-Interview Frau Schwaetzers entnehmen konnte, in dem sie zwar gerne bestätigte, daß sie sich für "Amt und Macht" interessiere, aber auch den wunderbaren Satz formulierte, daß unter den Jungen die Auseinandersetzungen offener geführt würden und "die sonst üblichen taktischen Spielchen weniger laufen". Im Licht der jüngsten Ereignisse hat dieser Satz alle Chancen, ins Guinness-Buch der absurdesten Fehldiagnosen zu gelangen. Jedenfalls paßt er nicht sehr gut zu der inzwischen berühmt gewordenen Schlagzeile, in der Frau Schwaetzers Anrede "Du intrigantes Schwein" gegenüber dem Kollegen Möllemann zitiert wurde, eine Schlagzeile, von der die Zitierte auf Anfrage lächelnd sagt, sie könne sich nicht an jedes in der ersten Aufregung gesagte Wort erinnern, auch wisse sie nicht genau, ob sie "Sie" oder "Du" gesagt habe.

☆

Man kommt an dieser Stelle nun doch nicht umhin, noch einmal nach neuestem Erkenntnisstand die Chronik der abgelaufenen Ereignisse der letzten beiden Wochen wenigstens teilweise zu rekonstruieren, schon weil sie eines Tages ein Lehrstück abgeben wird für die deutsche Demokratie im ausgehenden 20. Jahrhundert und für die Frage, was das Publikum daran so fasziniert. Die Rekonstruktion erfolgt übrigens nach Rücksprache mit allen Hauptbeteiligten, außer mit J. Möllemann, der leider keine Zeit hatte für ein Gespräch - und sie erfolgt natürlich mit der für solche Fälle gebotenen Vorsicht.

Alles begann also damit, daß Genscher am Donnerstag vorvergangener Woche seinem Vorsitzenden den bevorstehenden Rücktritt erläuterte (hinter dem übrigens wirklich nicht mehr zu stecken scheint, als das Gefühl, Schluß machen zu sollen, bevor das einmal andere von ihm verlangen würden, aufhören zu sollen im Zenit des Ruhms, der sich so auch bestens für gut bevorschußte Memoiren nutzen läßt). Sofort begann der Kampf ums Fell - und, wie sich zeigen sollte, er wurde nicht nur mit zugelassenen Waffen geführt.

Der äußere Ablauf des Dramas ist in groben Zügen bekannt, auch von den meisten Hauptdarstellern kennt man die entscheidenden Auftritte. Zum Beispiel von Klaus Kinkel, der seine politischen Lehrjahre nicht in der FDP absolviert hat und sich vermutlich auch deshalb plötzlich in einer Zwangslage befand, in die andere Persönlichkeiten gar nicht erst gekommen wären; so wie es heute aussieht, hat er sich aus dieser Zwangslage so anständig befreit, wie das unter den gegebenen Umständen überhaupt möglich war - und er gehört insoweit nicht in die Geschichte.

Von anderen Beteiligten weiß man offiziell bisher nur, daß man sich auf ihre Rolle so recht keinen Reim machen kann. Und daß man sich, um dies vielleicht doch zu können, einstweilen an ein paar gesicherte Erkenntnisse halten muß: Wichtig ist in diesem Zusammenhang also, daß Möllemann am Freitagabend bei der völlig überraschten Frau Schwaetzer anrief, um ihr nahezulegen, sie solle Genschers Nachfolgerin werden; wichtig ist weiter, daß am Sonntagabend ein Telephongespräch zwischen Genscher und Schwaetzer stattfand, aus dem sie offenbar nicht den Anflug eines Vorbehalts gegen sich erkannte. Und wichtig ist endlich, daß vom Montagabend an eine Kampagne gegen die soeben vom Präsidium einstimmig - also mit Genscher und Möllemann - nominierte Kandidatin Schwaetzer zu laufen begann. Und jetzt mußte man nur noch wissen, wie die in Gang kam.

Die Kampagne hat sich aber, mit aller Vorsicht gesagt, offenbar aus zwei Quellen gespeist. Die eine Quelle war die ganz normale und zu erwartende Entrüstung der Parteibasis darüber, daß der erkennbar geeignetere Kandidat Klaus Kinkel, aus welchen Gründen auch immer, von Lambsdorff und Fraktionschef Solms nicht ins Kalkül gezogen worden war und daß die autoritären Parteichefs offenbar dachten, sie müßten eine so wichtige Frage ganz allein und so schnell lösen, wie sie es seit langem von Genscher gelernt hatten. Die andere Quelle aber - die war ganz offensichtlich trübe. Gesichert ist in diesem Zusammenhang schon einmal, daß zu den Haupttreibern gegen Frau Schwaetzer der Kieler Parteichef Kubicki gehört hat, gesichert ist neuerdings, daß auch der Planungschef im Auswärtigen Amt eine große Rolle dabei spielte, welcher wiederum ein Schulfreund jenes Kubicki ist, der zu den engsten Vertrauten Möllemanns gehört. Wenn nun aber von Möllemann bisher als gesichert galt, daß er keinen wichtigen Schritt ohne jenen Genscher tut, der seinerseits vielleicht nicht zufällig der Chef des oben erwähnten, von ihm hoch beförderten Planungsbeamten ist: Könnte es da nicht sein, daß plötzlich ein Sinn erkennbar wird, sofern man unterstellt, daß Möllemann unbedingt Parteivorsitzender werden und Genscher ihm dabei helfen will?

☆

Der Sinn aber wäre es gewesen, eine günstige Gelegenheit zur Bewältigung aller Probleme beim Schopf zu ergreifen: Wenn Möllemann auf einmal alle Konkurrenten und Hindernisse aus dem Weg räumen wollte, dann mußte er Frau Schwaetzer in ihrem voraussehbaren Ehrgeiz ins Messer laufen lassen, mußte ihren Mentor Lambsdorff mit ihrer Niederlage unmöglich machen und vielleicht aus dem Weg räumen; den Kollegen Kinkel wiederum, den potentiellen Mitbewerber um den Parteivorsitz, konnte man bei dieser Gelegenheit entweder als Feigling demaskieren, der sich nicht anzutreten traut, wenn die Partei ihn zum Außenminister machen will - oder er ließ sich wenigstens neutralisieren, weil ja damals noch die Regel aus dem Munde Genschers galt, daß man nicht gleichzeitig Parteivorsitzender und Außenminister sein kann. Alle hätten dann verloren gehabt - nur Möllemann nicht, weshalb man einen solchen Plan, wenn es ihn gegeben haben sollte, schon besonders genial nennen könnte. Und besonders unanständig auch.

Allerdings hätte er nicht funktioniert, wenn es ihn gegeben haben sollte. Zum Beispiel deshalb nicht, weil an jenem historischen Dienstag von Fraktion und Vorstand in der Wut auch gleich beschlossen worden ist, der Außenminister könnte durchaus künftig auch Parteichef werden - eine Möglichkeit, die sich Kinkel auch gleich genüßlich offenhielt. Und überhaupt hat das liberale Drama von Bonn, wenn man es aus der Nähe besichtigt, inzwischen auch viele Züge einer Farce. Komisch ist beispielsweise die Erkenntnis, daß Frau Schwaetzer, gerade noch in Tränen aufgelöst wegen der Gemeinheit des politischen Lebens, im Gespräch schon wieder nicht mehr ausschließen will ("Ich bin beschädigt, aber nicht tot"), daß sie beim Parteitag im Juni '93 vielleicht doch den Damenhut in Sachen Vorsitz in den Ring wirft, komisch ist weiter die Tatsache, daß auf jener Vorstandssitzung am Petersberg Möllemanns Intimfreund Kubicki plötzlich Lambsdorffs Verbleiben im Amt gefordert hat - in der richtigen Einschätzung, daß sein Intimus in der Partei momentan nicht beliebt genug ist, um gleich zum Parteichef gewählt zu werden; und schließlich hat es nicht einmal ausschließlich tragische Aspekte, in diesen Tagen Hans-Dietrich Genscher dabei zu erleben, wie seine Laune, unter demonstrativen Gähnanfällen, sekündlich schlechter wird, sobald man ihn auf seine Rolle in der Affäre Schwaetzer anspricht, zu der er aber "gar nichts sagen will".

Und ist es nicht auch herzlos, ihn überhaupt damit zu belästigen? So edel und stilbildend hatte er sich seinen Abgang aus dem Kabinett vorgestellt - und jetzt, bevor die "Selig- und Heiligsprechung vollzogen wird", wie das der Koalitionspartner Theo Waigel bedauernd formuliert, jetzt endet die Ära Genscher mit einem Knall, allerdings einem passenden: Ein paar hochbegabte Artisten haben womöglich ein wenig zuviel getrickst auf dem Hochseil und sind beim dreifachen Um-die-Ecke-Denken rückwärts heruntergefallen. Und nun wundern sie sich, wenn das Publikum pfeift. ("Das nimmt mir nichts", sagt Genscher, fast ängstlich, im Zusammenhang mit diesem blöden Skandal; außerdem habe ihn die Partei doch gerade zum Ehrenvorsitzenden ernannt.)

☆

Und jetzt, nicht wahr, wollen wir endgültig dieses triste Kapitel schließen, schließlich, das sagt nun auch wieder Genscher, habe man gerade eben im Vorstand beschlossen, nach vorne zu blicken. Und wirklich, der Blick lohnt sich: Vorne ist eine selbstbewußte FDP, deren Abgeordneter Grüner bei der Fraktionssitzung am Dienstag den Gast Waigel beschworen hat, künftig wieder ein bißchen netter zu seiner Partei zu sein; vorne ist eine liberale Spitze, deren Umgang untereinander (zum Beispiel in Nordrhein-Westfalen mit Möllemann, Lambsdorff, Schwaetzer) man sich gar nicht herzlich genug vorstellen kann; vorne ist eine Regierung, in welcher, weil der Bundeskanzler seinen Befugnissen aus dem Grundgesetz nicht traut, künftig der Stratege Möllemann als sein Stellvertreter sitzen wird, obwohl er ihn im Grunde nicht haben wollte. Möllemann wird übrigens, wenn er einer Anregung Waigels folgen sollte, am Kabinettstisch die Schelle schwingen, um die Prophezeiung des freundlichen Koalitionärs Stoiber zu erfüllen, die ganze Veranstaltung werde immer mehr zum Schellenzug.

Ach ja, Sachpolitik soll auch gemacht, das Asylrecht muß geändert, der Haushalt saniert werden; über all dies (und die Pflegeversicherung, bei der die FDP nach Aussage einiger Experten wohl zuerst einknicken wird), über all dies haben sich die Spitzenliberalen auf dem Petersberg große Sorgen gemacht, angesichts der bevorstehenden sieben mageren Jahre. Anschließend sind sie wieder in alle Richtungen gefahren, haben Erklärungen abgegeben, an Sitzungen teilgenommen, Politik gemacht eben.

An diesem Mittwoch hat Jürgen Möllemann eine Pressekonferenz gegeben, auf welcher zum zweitenmal über eine wichtige Konferenz mit vielen anderen Ministern berichtet wurde; die Konferenz soll übrigens in Münster stattfinden, was ganz zufällig seine Heimatstadt ist, in der sein Ruhm dringend vermehrt werden muß und in der er nächstes Jahr dann auch endlich Parteivorsitzender werden will. Minister Möllemann hofft bei der Pressekonferenz stark, daß die Öffentlichkeit auch dieses Mal seine Bemühungen gebührend würdigt.

Das hat sie dann aber nicht getan, weshalb er jetzt weder Parteivorsitzender ist noch Minister für irgendwas. Auch sein Freund Kubicki ist inzwischen über diverse Müllberge gestolpert. Die Intrigen haben sich also nicht gelohnt - was nicht heißt, daß sie vergessen sind.

Trachtenspalier für die Sorgen der Welt

*Im Juli 1992 versammelten sich in München die
wichtigsten Politiker der wichtigsten Staaten
der Welt. Haben sie der Welt einen wichtigen
Dienst erwiesen - oder mehr der
Münchner Gastronomie?*

Am Dienstag wird Zwischenbilanz gezogen an vielen Stellen der Stadt, und wer alles wissen will, kommt wieder einmal kaum noch nach: Früh um acht Uhr hat der Finanzminister 120 Journalisten in den "Franziskaner" geladen zu einem intimen Frühstück samt Erläuterung der Weltwirtschaft, um zehn Uhr berichten im Hochcafé Demonstranten über "brutale Übergriffe gegen Andersdenkende", von denen wiederum um 11.30 Uhr der Polizeipräsident in seinem Präsidium sagt, viele von ihnen hätten sich beim "Herannahen von Festnahmekräften" theatralisch auf den Boden fallen lassen.

Alles klar? Dann können wir uns jetzt den anderen Dingen widmen. Die Damen der Staatsoberhäupter sind an diesem Dienstag in Neuschwanstein, wo sie vermutlich die Pressekritik des Vortags erörtern müssen, bei der immerhin zwei Präsidentengattinen vorgeworfen wurde, sie seien "zu dick mit Klunkern behängt" (*Abendzeitung*); ach so, und ihre Gatten sind auch noch in der Stadt, in der sie heute zwei fertige Erklärungen redigieren müssen. Weil das so ist, hat Theo Waigel der internationalen Presse bei Weißwürsten und Rührei gesagt, sei es auch nicht so schlimm, wenn "heute das Wetter nicht so gut ist wie gestern". Alles klar.

☆

Da sind wir also versammelt in der Stadt der Lebensfreude und traditioneller Staatskunst, auf welche in dieser Woche "die Welt schaut", wie der Ministerpräsident Streibl jetzt schon mehrere Male gesagt hat. Und was sieht da die Welt? Hundert Meter nördlich vom Franziskaner befindet sich das "Spatenhaus", in dem am Montagmittag der deutsche

Bundeskanzler seinen hohen Gästen bei Kalbshaxe mit Pfifferlingen den "kulturellen Hintergrund der Stadt München, insbesondere ihre Weltoffenheit" (Regierungssprecher Vogel) erläutert hat. Hundert Meter südlich wiederum steht das Feinkostgeschäft Dallmayr, vor welchem während der Ansprache des Bundeskanzlers der weltoffene Polizeipräsident der Stadt München den internationalen Journalisten erklärte, warum es nötig sei, das "Störpotential" im Polizeigriff abzuführen, das drei Stunden vorher den Kanzler beim Abspielen von Nationalhymnen durch Buhrufe "genötigt" habe. Wozu es den Kanzler genötigt hat, außer vielleicht zu einem Stirnrunzeln, hat er nicht gesagt. Klar war danach immerhin: München ist auch eine Stadt der Widersprüche.

Der Bundeskanzler hat sich in seiner kleinen Tischrede übrigens herzlich bei seinen Kollegen dafür bedankt, daß dieser Gipfel zum ersten Mal im wiedervereinigten Deutschland stattfinde, hat allerdings nicht behauptet, daß München zu den dabei wiedergewonnenen Problemgebieten zähle, von denen die Staatschefs schon so viel gehört haben. Daß der Austragungsort der Konferenz nicht Leipzig ist oder Halle, wird also andere gute Gründe haben müssen. Hat es natürlich auch: Erstens gibt es in Halle zum Beispiel leider nicht das Luxus-Hotel Rafael, in dessen marmorgetäfelten Bädern mit vergoldeten Armaturen die Familie Mulroney (Kanada) sich von den anstrengenden Gesprächen erholen muß. Und zweitens fände man vermutlich nirgends in der Welt so leicht einen Platz, auf dem gleichzeitig die Probleme der Welt, ihre Unlösbarkeit und die irre Hoffnung, das alles verdrängen zu können, auf so präzise Weise zu besichtigen sind wie ausgerechnet die Stadt München.

Fällt jemand dazu die abgegriffene Bemerkung ein, die Welt und ihre bedeutendsten Repräsentanten tanzten wieder einmal auf dem Vulkan? Der Regierungssprecher würde das ohne weiteres zurückweisen können: Richtig ist zwar, daß zu den Höhepunkten der Veranstaltung auch ein Ballettabend gehört, der am Dienstag im Cuvilliéstheater unter dem gewagten Titel "unisono" gegeben wird; richtig ist aber auch, daß der Blick auf die Krater, die in

Sarajewo stehen, in Albanien oder in Somalia, nachweislich durch die Alpen völlig versperrt wird.

☆

Nun ist es natürlich nicht so, daß sich die Präsidenten und Premierminister, die sich da in der bayerischen Landeshauptstadt versammelt haben, nicht befassen würden mit den Problemen der Welt, weil sie vor lauter Sülzen-Variationen und gebratenen Chiemsee-Saiblingen im Nymphenburger Schloß nicht zum Reden kämen. Vulgär-Kritik dieser Art geht ziemlich heftig in die Irre, weil natürlich viel Politik gemacht wird in diesen Tagen. Unbestreitbar ist beispielsweise, daß schon in der Vorbereitung auf den Gipfel sich einige Regierungen - "Gipfeldruck" nennt das ein deutscher Minister - gezwungen gesehen haben, für etwas mehr Stabilität zu sorgen: Deshalb kann der italienische Ministerpräsident seinen zahlreichen Frühstückspartnern immer noch einmal erzählen, seine Regierung plane gewaltige Einsparungen, was dann der deutsche Finanzminister mit dem Hinweis auf seinen soeben beschlossenen Haushalt kontern kann; unbestreitbar ist ferner, daß in diesen zweieinhalb Münchner Tagen auch über andere Themen fast ohne Unterbrechung geredet wird - in den Hotels genauso wie in den Sälen der Münchner Residenz, wo sich im Vier-Schimmel-Saal an einem großen Tisch nur die acht Chefs inklusive EG-Präsident Delors und jeweils ihre wichtigsten Zuarbeiter gegenübersitzen; nicht zu bezweifeln ist schließlich der Nutzen, wenn Staatsmänner viele Stunden lang Auge in Auge über das jugoslawische Drama reden oder über die russischen Schulden oder wieder einmal über die fast unlösbaren Probleme eines liberalisierten Welthandels, über den sie nun schon seit vielen Jahren diskutieren, ohne Ergebnis bisher. (Helmut Kohl habe sich im Vorfeld der Konferenz wegen dieser GATT-Diskussion "fast umgebracht", sagt ein Insider, der aber auch sagt, daß man in dieser Frage vermutlich hier in München trotzdem kaum vorwärtskommen wird.)

Aber so ist das nun einmal in der Politik, da kann man keine Wunder erwarten. So wie es aussieht zur Mitte der

Konferenz, wird auf jeden Fall einiges klarer sein nach diesen Münchner Tagen - und wenn es nur kleinere Details sind: Die Japaner werden ihren Widerstand aufgegeben haben gegen die Andeutung einer möglichen militärischen Einmischung in Jugoslawien; die Franzosen haben keine Einwände mehr gegen ein G-7-Formulierung in Zusammenhang mit der Rückgabe der Kurilen an die Japaner; alle zusammen werden, wie ein Fachmann voraussagt, "Boris Jelzin etwas mitgeben können von München nach Moskau, womit er sich sehen lassen kann" - und das wird möglicherweise sogar mehr sein als die Milliarde Kredit, die als erste Tranche eines 24-Milliarden-Programms schon im August überwiesen werden wird.

Darüber hinaus mag dann auch die Klärung wichtig sein, daß und warum es in manchen Fragen keine Einigung gibt: Wenn beispielsweise für die Sanierung der osteuropäischen Kernkraftwerke kein gemeinsamer Fonds errichtet wird, wie es die Deutschen unbedingt wollen, dann liegt es vielleicht wirklich an der Tatsache, daß die Amerikaner auch dieses deutsche Anliegen unter der Rubrik "Umwelthysterie" abbuchen, wie ein Teilnehmer vermutet; und wenn über das komplizierte Rechtsverhältnis zwischen NATO und KSZE keine Einigung erzielt werden kann, dann hat das gewiß mit dem auch in München noch "überreizten Verhältnis" zu tun, das ein hochrangiger deutscher Beobachter fast körperlich gespürt hat. (Schon beim ersten Frühstück zwischen Deutschen und Amerikanern, erzählt ein Teilnehmer, seien Bush und Baker wieder auf das geplante deutsch-französische Euro-Corps zu sprechen gekommen: "Uns trauen Sie ja, aber den Franzosen ...")

Viele Themen also in München - und viele Themen allerdings auch nicht. Über manches wird hier schon deshalb nicht ausführlicher geredet, weil es den Regierungschefs "schlicht zu kompliziert ist" (ein Sherpa); manches Thema, wie die Folgerungen aus der Umweltkonferenz von Rio, wird kaum angesprochen, weil es keinen Sinn habe, sich in der Sache schon wieder mit den Amerikanern zu streiten. Und manche Sorgen, das vor allem, werden fast zwangsläufig eher am Rande angesprochen, obwohl es die Sorgen sind, die den größten Teil der Weltbevölkerung betreffen. Wer viele Stunden über deutsche Zinshöhen und amerikanische Langzeitarbeitslosigkeit reden muß, kann sich vielleicht wirklich nicht mehr ausführlich über das Massensterben in der Sahel-Zone unterhalten oder über die Frage, warum trotz aller Wirtschaftsgipfel die Kluft immer größer wird zwischen den Industriestaaten und den Ländern der Dritten Welt; wer sich, wie hier in München, eine Menge zugute hält auf das Verlegen von 40 000 Kilometer Kabel allein für den Gipfel, der kann nicht auch noch auf dem gleichen Gipfel darüber diskutieren, wie man das Telephonnetz, sagen wir: Afrikas, entwickeln könnte, das insgesamt genauso viel Anschlüsse anfweist wie die Stadt Tokio.

Jene 40 000 Kilometer sind natürlich unverzichtbar, weil sonst amerikanische Fernsehzuschauer womöglich nicht mitbekommen würden, wie ihr Präsident bei der Begrüßung auf dem Max-Joseph-Platz spontan auf Bitten von Helmut Kohl auf den Großhadener Trachtenclub "Waldfrieden" zuläuft. Wir sind nämlich jetzt bei jener höheren Priorität einer solchen Konferenz, die nichts mehr damit zu tun hat, was gesagt wird, sondern nur noch damit, wie es rüberkommt: Was also die überaus herzliche Begegnung zwischen Bush und dem Vorstand des Trachtenclubs "Waldfrieden" angeht, so gibt der Vorstand hinterher auf Befragen an, der Bush habe sehr freundlich mit ihm geredet, er wisse nur nicht, was er gesagt habe. Und was den ganzen Weltwirtschaftsgipfel betrifft, so ist es kein Zufall, daß überall, wo sich die Staatsoberhäupter versammeln, schon eine bayerische, japanische oder amerikanische Fernsehkamera steht, für deren günstige Placierung keine Mark umgedreht wird, weder von den Vertretern der Steuerzahler noch von denen der Gebührenzahler. Nur deshalb war es ja auch so wichtig, all die Kabel für teuerstes Geld in der Residenz zu verlegen, die dem Finanzminister sofort eingefallen ist, als er die Idee hatte für den Gipfel in München: Aus dem Olympiazentrum gibt es einfach keine so guten Bilder.

Auch dieser allzu offenbare Widerspruch zwischen Anspruch und Wirklichkeit ist es, unter dem die Popularität dieses Wirtschaftsgipfels heftig leidet - und wer über die Gründe nachdenkt, warum die Politik in der letzten Zeit derart an Kredit verloren hat, kommt auch an dieser Veranstaltung nicht vorbei. Nicht weil alle Einwände gegen den Gipfel so furchtbar ernst zu nehmen wären: Gewiß kann man es mit guten Gründen komisch finden, wenn ein Münchner Prominentenfriseur gegen geschäftliche Einbußen klagen will, die er durch die Sicherheitsmaßnahmen dieser Tage erleiden muß, und darf noch mehr staunen darüber, daß der Arme dabei ausgerechnet von einer Stadträtin der Grünen unterstützt wird, von denen man bisher annahm, die würden sich dort seltener die Haare schneiden lassen. Andererseits wirkt es nicht nur für den politische Laien irgendwann ein wenig lästig, wenn ihm in immer noch einer Übertragung des Bayerischen Fernsehens die Begeisterung über eine festliche Kutschenfahrt der hohen Herren im Nymphenburger Park abverlangt wird, oder wenn er darüber nachsinnen soll, was Boris Jelzin wohl mit den drei Bädern macht, die er in seiner Suite für tausend Mark zur Verfügung haben muß, weil sonst sein Land wohl nicht mehr als Supermacht durchginge. Auch Gutwilligen gehen in diesen Zeiten manche Nachrichten aus der Welt des Biedermeier und des Show-Business ein wenig auf die Nerven.

Ein Wunder war es also wohl nicht, daß sich ein gewisser Unmut auch in München Luft gemacht hat, und ein Unglück wäre es auch nicht gewesen - ein Unglück ist erst aus der Art geworden, wie man von offizieller Seite, vermutlich vor allem der des bayerischen Innenminister, mit diesem Unmut umgegangen ist. Übrigens muß man in diesem Zusammenhang die organisierten Gegner des Gipfels wirklich nicht heroisieren, aus diversen Gründen nicht. Besonders eindrucksvoll wirkt es zum Beispiel nicht, daß man sich in München, anders als anderswo, nicht auf einen einheitlichen Gegenkongreß hat einigen können, auf dem man dann ja getrost seine unterschiedlichen Positionen hätte artikulieren können. Auch waren die Reden, die man am Samstag bei der großen Gegendemonstration gehalten hat, nicht immer eine Bereicherung des politischen Diskurses. Wer der Welt die Ernsthaftigkeit und die demokratische Wurzel alternativer Ideen demonstrieren will, sollte vielleicht nicht in erster Linie über die "Vertreibung von Frauen/Lesben" aus einem Haus in Göttingen berichten oder, wie die Rednerin Monika Berberich, die solidarischen Grüße der Gefangenen von der RAF bestellen.

Übrigens ist bei Frau Berberichs Ausführungen heftig gepfiffen worden - und sowieso geht es in diesen Tagen eben auch um die Frage, wieviel Widerspruch eine demokratische Gesellschaft auszuhalten bereit ist, auch wenn sie mit Recht keine Lust hat, sich terrorisieren zu lassen. In dieser Frage hat man in München viel lernen können in den vergangenen Tagen, man hätte nur hinsehen müssen: Einen ganzen Sonntagnachmittag lang sind mehr als tausend Studenten, Schülerinnen, junge Leute aus allen Teilen Deutschlands in einem Berufsbildungszentrum im Münchner Süden zusammengesessen, haben über "Sexismus" gesprochen, die Gefahren eines "Ökoimperialismus" und eine wiederzugewinnende "Moral der Linken", von der auch Jutta Ditfurth nur schwer deutlich machen konnte, was sie sich konkret darunter vorstellt. Überhaupt stand die Debatte nicht gerade auf einem sensationellen Niveau. Unter die Haut aber ging vor allem ein Satz, den ziemlich zu Beginn ein Student formulierte, der den Kongreß "Bündnis gegen den Weltwirtschaftsgipfel" mitorganisiert hatte. Der Satz aber hieß, man komme sich als Oppositioneller hier vor wie in den letzten Monaten der DDR - und das Schlimme daran war, daß man ein wenig nachempfinden konnte, was der junge Mann meinte.

Die ganzen Tage über hatte man ja schon sehen können, wie der Konflikt eskalierte, auf beiden Seiten. Da hatte also der studentische Sprecherrat, einige Monate lang, zusammen mit den verschiedenartigsten Überresten der in ihre Bestandteile zerlegten linken Szene jenen Gegenkongreß vorbereitet, auf den man sich mit den reformerischen Grünen und Naturschützern nicht hatte einigen können. Obwohl das alles längst klar war, hatten die Studenten von der Universität die Räume zugesagt bekommen - um plötzlich von derselben Universität zu erfahren, daß das nun doch nicht gehe. Die nicht sonderlich überzeugende Begründung war, daß der Demonstrationszug vom Samstag am Uni-Gebäude vorbeiführe und daß dieses deshalb "der Gefahr von Ausschreitungen ausgesetzt" sei. Das war es, nach dem Verbot des Kongresses am Freitagabend, noch viel mehr.

☆

Es ging dann Schritt um Schritt: Erst stellte die evangelische Kirche den wütenden Studenten einige ihrer Gebäude zur Verfügung, aber natürlich war der Kongress wie geplant nicht mehr möglich; dann ergriff die Polizei, weil sie die Wut voraussetzte, ein paar zusätzliche Maßnahmen für die tags darauf angesetzte Demo; dann wurden die Demonstranten wütend über das Spalier von Polizei mit Schutzhelm und Knüppeln, durch das sie ziehen mußten; dann hielten es die Polizisten für sinnvoll, in die Demo einzudringen, in der ein paar Transparente illegalerweise seitlich zum Zug getragen wurden, statt geradeaus. Überraschenderweise kam es, wegen vieler Besonnener auf beiden Seiten, doch nur zu kleineren Rangeleien, über welche die Demonstrationsleitung laufend mit ebensolcher Genugtuung berichtete wie später das Polizeipräsidium über die Tatsache, daß sie Waffen beschlagnahmt habe, nämlich einen Baseballschläger, mehrere Gasspraydosen und drei abgerichtete Hunde. Wer die Scharfmacher beider Seiten beobachtete, konnte eigentlich schon wissen, daß es noch zum großen Showdown kommen würde.

Aus der Sicht eines Reporters, der im nördlichen Abschnitt des Max-Joseph-Platzes der feierlichen Begrüßung der Staatsoberhäupter und Regierungschefs beiwohnen durfte, entwickelte sich der Festakt wie folgt - er erzählt das nur, weil es inzwischen soviele Versionen gibt über die Umstände: Einerseits fand er die Zeremonie feierlich, das Wetter schön und die Gebirgsschützen so malerisch wie die Abordnungen der vier Waffengattungen, die mit großer Wucht sieben Mal ihre Gewehre auf Kommando auf den Boden rammten. Andererseits bekam er schon mit, daß sich unter die Klänge des Spielmannszugs hin und wieder Fetzen von Protestgeschrei mischten, von denen durchaus zu ahnen war, daß sie unfreundlich gemeint waren. Richtig zu verstehen waren die Sprechchöre von seinem Platz eher nicht, schon weil sie in der Lautstärke mit dem Knattern des Polizeihubschraubers nicht mithalten konnten, der die ohnehin schon etwas melancholische Nationalhymne Nippons aufs empfindlichste störte.

Dann waren die Zwischenrufer plötzlich nicht mehr zu hören, nur noch ein lauter Juchzer zweier vereinzelter Trachtler, als George Bush sich ihnen unvermutet näherte. Zwei Stunden später auf dem Rückweg zur Redaktion traf der Reporter in der Höhe von Feinkost Dallmayr auf einen wütenden Münchner Bürgermeister, auf den etwas verwirrten Polizeipräsidenten (der unter anderem angab, man habe die Demonstranten hier umkreisen müssen, weil sie auch in 200 Metern Abstand versucht hätten, die festliche Zeremonie nötigend niederzuschreien). Und er traf auf Bilder, von denen er gehofft hatte, sie in einem zivilisierten Land nicht mehr sehen zu müssen. Als der Reporter den Polizeipräsidenten auf ein etwa zwölfjähriges Mädchen verwies, das gerade von zwei stämmigen Polizisten mit auf den Rücken gedrehten Armen in den Polizeiwagen gezerrt wurde, bestätigte er, das sei "optisch kein guter Anblick". Muß sich die weltoffene Stadt München wundern, wenn am Dienstag, statt von der politischen Erklärung des Gipfels, unter den Beobachtern relativ viel davon die Rede ist, daß sie überhaupt keinen optisch besonders guten Anblick geboten hat bei ihren großen Auftritt vor den Völkern der Welt? Es sind natürlich alles nur kleine Geschichten, über die nun geredet wird, nicht bedeutend, wenn man sie mit der Tatsache vergleicht, daß womöglich gerade der amerikanische Präsident eine Andeutung macht im Vier-Schimmel-Saal zum Thema Agrarsubventionen im Kontext der GATT-Debatte.

Es muß aber trotzdem erzählt werden, daß um 9 Uhr früh die 28jährige Psychologiestudentin Claudia Sigl anruft in der Redaktion, um zu erzählen, wie es ihr ergangen ist gestern. Die Sache sei aber die gewesen, daß sie, "nur um zu schauen", mit ihrem Freund auf dem Max-Joseph-Platz gegangen sei, nicht ein einziges Mal gebuht oder gepfiffen, sich plötzlich ("Es war die reine Dummheit von mir") in einen Kessel abgedrängt gefunden habe, aus dem es kein Entkommen mehr gab. Was sie dann erlebt hat, reicht vermutlich, um für lange Zeit ihr Bild vom Rechtsstaat zu prägen: Zwei Stunden von aggressiven Polizisten umstellt ("Du kommst hier nicht mehr raus"), dann abgeführt, Fingerabdrücke genommen, vier Stunden in praller Sonne eingepfercht in einen Polizeiwagen, in Handschellen abgeführt, bis nachts um elf mit 33 anderen Frauen in eine Zelle für 14 Menschen gesteckt. In dieser Zelle hat Frau Sigl zum ersten Mal Jutta Ditfurth kennenlernen dürfen, die auf ihrem Weg zur Jeanne d'Arc der deutschen Fundamentalisten ein gutes Stück vorangekommen ist. Und eine Menge Zeit hat sie gehabt, um über den augenblicklichen Zustand der Demokratie nachzudenken, die auch nach Meinung des Bundeskanzlers das wichtigste Exportgut der großen Sieben ist.

☆

Soviel Zeit haben die Staatschefs natürlich nicht, die haben ohnehin auch am Dienstag von den dummen Zwischenfällen noch nicht viel mitbekommen, außer natürlich der bayerische Staatschef Max Streibl, der den internationalen Journalisten bei einem Folkloreabend im Hofbräuhaus schon am Montag erläutert hat, daß "das etwas stärker Hinlangen bayerische Art" sei, also sozusagen Brauchtum. (Man darf daraus schon schließen, daß Streibl und sein Innnenminister sehr genau gewußt haben, was die ihnen unterstellte Polizei getrieben hat.) Sowieso erfahren die Großpolitiker in wunderbar abgeschirmten Kaisersälen vom wirklichen Leben um sie herum ungefähr soviel wie die vielen tausend Journalisten von der großen Politik: Letztere bekommen höchstens Appetithäppchen serviert, etwa vom Regierungssprecher, der dabei den Eindruck erweckt, die eigentlichen Portionen seien auch nicht größer.

Es muß aber weiter gehen, und es geht auch weiter, sogar für den Reporter: Aus gewissen Quellen erfährt er am Dienstag die ganze neueste Wahrheit über den Gipfel, die sonst keiner kennt: daß die Japaner ganz begeistert waren von den bayerischen Trachtenvereinen; daß die Russen zwar ein Schuldenmoratorium bekommen, aber mit den Zinszahlungen nicht völlig aufhören dürfen; daß am Mittwoch alle Finanzminister zum Tegernsee gefahren werden, wo dann jeder einen bayerischen Trachtenhut geschenkt kriegt, während Boris Jelzin keinen bekommt, weil er um diese Zeit in der Residenz mit seinen Kollegen um seine Zinszahlungen und die neuen Kredite verhandeln muß.

Vielleicht ist ja die Stadt München auch deshalb ein so phantastischer Konferenzort, weil sie das Chaos der Welt so schön symbolisiert: das Nebeneinander von Sinn und Unsinn, ernsthaftem Bemühen und dem Versuch, dieses Bemühen nur darzustellen, von Liberalität und der Hoffnung, dieselbe mit Polizeigewalt durchzusetzen. Wir sind also wieder im Franziskaner, wo alles so schön zusammenkommt. Von Theo Waigel, der auch die bedeutendsten Konferenzen erfreulicherweise selbst nicht immer ganz ernst nehmen kann, hören wir gerade, daß die Annäherung in Sachen GATT "heute eine viel stärkere sei als bei den letzten zwei Gipfeln". Und außerdem, daß ein echter Durchbruch erfolgt sei bei der Akzeptanz von Weißbier durch seine ausländischen Gäste. Waigel läßt nicht erkennen, welche seiner beiden Auskünfte er ernster meint.

Die Sache mit dem Weißbier ist weiter auf gutem Wege, die mit GATT verfahrener denn je. Das zuständige Münchner Gericht hat an der Einkesselung der Demonstranten inzwischen nichts Schlimmes finden können.

Die Wagenburg der Unverstandenen

Ende März 1993 erlebte Bonn wieder eine jener Wochen, die zu seiner Beliebtheit so viel beitragen. Der Reporter hat Tagebuch geführt und festgestellt, daß sich auch die Beliebtheit der Bürger bei den Politikern in Grenzen hält.

Montag, 22. März. Vielleicht sollte man in diesen Tagen überhaupt nicht nach Bonn fliegen - wer verbringt schon gerne eine ganze Woche im Kreise von Depressiven, Korrupten oder gescheiterten Persönlichkeiten? Was anderes gibt es dort aber nicht: Erst vergangene Woche, auf einer parlamentarischen Konferenz in Kiel (!), hat der Bundestagsabgeordnete Günther Klein, Gott sei Dank nur auf rheinisch, herzerweichend darüber geklagt, daß sein Beruf jetzt endgültig auf dem letzten Platz der Beliebtheitsskala gelandet sei, gefolgt nur noch von den Journalisten, das ist sowieso klar; im obligatorischen Zwielicht stehen an diesem Montag in alphabetischer Reihenfolge die Politiker Engholm, Krause, Waigel; ansonsten ist der deutsche Politiker zum Scheitern geboren: In dieser Ausgabe des *Spiegel* scheitern - schon wieder - der Bundesfinanzminister ("Sein Haushalt gerät aus den Fugen") sowie der Bundesverteidigungsminister ("...ist mit seinem Versuch gescheitert..."). Über den Politiker Herbert Wehner schreibt der *Spiegel* nicht, daß er gescheitert sei, der habe nur seine Kameraden verraten. Wehner hat aber das Glück, schon gestorben zu sein.

Aber vielleicht weiß noch gar nicht jeder Politiker, daß er einer verlorenen Kaste angehört? Vielleicht ist doch noch irgendwo Hoffnung? Abends treffe ich jedenfalls in seinem Büro den Abgeordneten Friedbert Pflüger von der CDU, der schon recht früh - bei der Neuformulierung des Paragraphen 218 - die Theorie vertreten und in die Praxis umgesetzt hat, man könne auch eine andere Meinung haben als die eigene Fraktionsführung. Jetzt besteht er einigermaßen trotzig auf seiner weiteren Meinung, er leiste sinnvolle Arbeit, die ihm auch noch Spaß mache. Zum Abschied überreicht er mir einen Aufsatz, dessen Überschrift heißt: "Bürgerbeschimpfung - eine Provokation" und in dem erzählt wird, wie Pflüger im September 1992 zum erstenmal eine "allzu anspruchsgierige" Bürgerin "höflich, aber bestimmt" aus seiner Bürgersprechstunde hinausgeworfen hat. Klar, daß man da als Besucher erst einmal erschrocken den Kopf einzieht, aber dann trennen wir uns doch ganz freundlich.

Noch später gibt es im Fernsehen einen kleinen Film über die Jahrestagung der notleidenden Textilindustrie. Der Vorsitzende sagt, man habe genauso große Probleme wie die Stahlindustrie, man hätte sie auch gerne der Politik nahegebracht, leider sei ja aber der Bundesfinanzminister nicht zur Tagung erschienen. Ist auch wirklich nicht richtig, daß der Mann an einem so wichtigen Termin ganz einfach Grippe hat.

☆

Dienstag, 23. März. Ist aber auf jeden Fall gut, daß das Hotelzimmer diesen Fernseher hat. Im Frühstücksfernsehen kündigt die Moderatorin gerade ein Interview mit Al Gore an; der sei, sagt sie, einer der wenigen Politiker, die verstünden, wovon sie reden. Ob es da überhaupt noch einen Sinn hat, mit den Politikern hier zu reden, mit denen ich all die Verabredungen habe? Es stellt sich dann aber doch heraus, daß auch sie wissen, wovon sie reden - nämlich erst einmal über uns Bürger.

Jedenfalls drängt sich im Laufe dieses Tages immer deutlicher ein schon bei Pflüger gewonnener Eindruck auf: Unbegreiflicherweise sind nicht nur wir Bürger politikverdrossen, sondern auch viele Politiker, nicht zuletzt angesichts des von ihnen vertretenen Volkes. Ob sie uns wohl nicht mehr so recht leiden mögen?

Wie hat gleich wieder Pflüger die von ihm hinausgeworfene Dame genannt? Ach so, anspruchsgierig! Kann man sich gar nicht so recht vorstellen. Wahrscheinlich war sie nur Mitglied in jener Hannoveraner Bürgerinitiative gegen den Lärm eines Güterzugs, von der er erzählt hat, daß er sich dort als örtlicher Abgeordneter sehr engagiert habe.

Inzwischen allerdings gebe es dort Leute, die den Lärmschutz gegen den Güterzug für die wichtigste Sache der Welt hielten: Wenn man ihre Ansprüche hochrechnen würde, sagt er, müsse man die ganze Republik mit lauter Schallwänden unterteilen. (Das wäre vermutlich auch gut für die Landesverteidigung, die man sich dann sowieso nicht mehr leisten könnte.)

Bin dann noch viele Stunden herumgelaufen und endlich zu folgendem Fazit gekommen: Von Bonn aus gesehen, zerfallen die Wähler unter anderem auch in die folgenden Gruppen: in die Beamten, die dem CDU-Abgeordneten Eylmann geschrieben haben, er verletze seine Fürsorgepflicht, weil die Anpassung ihrer Gehälter um ein Vierteljahr hinausgeschoben worden sei; oder in die Leserbriefschreiber, die angesichts der schweren Krise in der Schweinfurter Kugellagerindustrie dem Abgeordneten Michael Glos (CSU) mitgeteilt haben, da sei jetzt aber der Staat gefragt; und sowieso in die Wähler, die sich jeden Tag brieflich mit der Abgeordneten Renate Schmidt (SPD) über die Frage auseinandersetzen, ob und, wenn ja, warum sie kostenlos mit der Bundesbahn fahre und wie es sich mit ihrem Dienstwagen verhalte ("für welches verdammte Ding", wie sie sagt, ihr 1400 Mark von ihrem Gehalt abgezogen würden).

Was besichtigen wir da also? Hier das tiefe Mißtrauen der Wähler und dort die Gewählten, die "manchmal echt depressiv werden" könnten, wie Renate Schmidt sagt, die an sich als eher fröhlicher Mensch gedacht ist: Eine schöne Beziehung ist das, und sie wird vermutlich auch durch die richtige Erkenntnis nicht harmonischer, es habe alles damit zu tun, daß nun "der Verteilungskampf begonnen hat" (Schmidt).

Sicher, man muß differenzieren. Wenn die Leute zu ihren Veranstaltungen kommen, sagt Frau Schmidt, sagt auch Herr Eylmann, dann geht es offenbar meistens ganz gut; auch wenn es vielleicht nicht gerade die Erfüllung gewesen sein muß für den Abgeordneten Conradi, als er kürzlich bis nach Schleswig-Holstein gefahren ist, nur um dann fünfzig Menschen, meistens Genossen natürlich, darüber zu informieren, daß das "Parlament keine Quasselbude" sei.

Am schlimmsten sind ganz offenbar die Briefe. Von denen weiß nun wieder die Bundestagspräsidentin am meisten, und man merkt ihr an, wenn man sie länger beobachtet, wie sehr sie das trifft: Der durchschnittliche Ton dieser Briefe, sagt Rita Süssmuth, sei heute so rüde, wie er vor drei Jahren bei den Rechtsradikalen gewesen sei. Und wenn ein Brief statt von ihr selbst von einem Beamten beantwortet wird, dann wird schon mal gerne zurückgeschrieben: "Diesmal erwarte ich eine persönliche Antwort."

Vielleicht ist die Präsidentin ja auch deshalb so in Rage, weil sie in *Bild* gelesen hat, daß leider von den Politikern keine geistige Führung ausgeht, daß sie kein Beispiel sauberer Moral geben, sondern ein taktisches Potpourri der Mittelmäßigkeit, wodurch unser Volk in einen Zustand geraten sei, in dem sich Ängste und Gleichgültigkeit mischten mit Raffgier und hemmungslosem Streben nach persönlichem Gewinn. Den Artikel - es ist ein Vorabdruck aus seinem neuen Buch - hat Helmut Schmidt geschrieben, der früher die *Bild*-Zeitung für so schlimm hielt, wie sie leider manchmal ist. (Das riesige Honorar für diesen Vorabdruck geht immerhin in seine Stiftung.)

Abends gehe ich dann noch zu Ossi, ins Restaurant des Wasserwerks - und das baut dann wieder auf. Wer sagt denn immer, daß die Bonner Parlamentarier in einer Raumstation weit über den Köpfen ihrer Bürger durch die Lüfte schwebten? Kein Wort wahr: Sie sind, erfreulicherweise, sehr gesellig und reden mit vielen Menschen. Heute sitzt der Abg. Engelhard, FDP, neben dem Abg. Kleinert, FDP, der neben dem Abg. Grünbeck, FDP, sitzt, gleich gegenüber vom Abg. Irmer, FDP. Andererseits kann man das intime Beisammensein auch wieder verstehen: Hier wird wenigstens nicht über Politiker geschimpft - und wenn, dann nur über abwesende.

Die Kollegin H. erzählt noch, sie habe heute von einem Witzbold ein dringendes Fax in Sachen Krause bekommen, mit der Bitte um schnelle Veröffentlichung: Krauses Putzfrau sei zurückgetreten. Die Kollegin hat dem Wunsch dann aber doch nicht entsprochen.

☆

Mittwoch, 24. März. Beim Frühstück berichtet jemand, der es wissen muß, von der CDU-Fraktionssitzung des letzten Tages, bei der offenbar auch heftig über den Fall des Ministers und seiner öffentlich-rechtlichen Putzfrau geredet worden ist: insofern nämlich, als der Vorsitzende Schäuble das Wort ergriffen und Krause energisch in Schutz genommen habe gegen die widerliche Presse. Er selbst, soll der Vorsitzende gesagt haben, setze doch auch seine Spenden für "Brot für die Welt" von der Steuer ab. Nach diesem überzeugenden Einwurf hat sich noch ein Abgeordneter dafür entschuldigt, daß er in einer ersten spontanen Aufwallung in einem Interview ein gewisses Unbehagen über den Vorfall artikuliert habe, dann war es auch schon wieder vorbei, insbesondere Krause selbst hat nicht das Wort ergriffen. Zu seiner Ehre ist später am Tag allerdings aus anderer Quelle zu erfahren, Krause selbst habe zurücktreten wollen, sei aber von Schäuble energisch daran gehindert worden. (Schäuble sei, sagt nicht nur diese Quelle, sowieso im Augenblick der heimliche Herrscher Deutschlands, zumindest benehme er sich zunehmend so.)

Nach dem Frühstück wieder durch Bonn gelaufen und anhand der neuen Erkenntnisse kurz gedacht, einen Trend entdeckt zu haben: gemeinsamer Rückzug der Politiker in die Wagenburg angesichts der Indianerpfeile von allen Seiten; Augen zu und drinbleiben. Stimmt aber auch nicht. Sobald sich die geringste Gelegenheit ergibt, müssen die Cowboys aus den verschiedenen Parteien leider sofort anlegen auf die Kameraden aus der jeweils anderen Fraktion und möglichst irgendeinen sofortigen Rücktritt verlangen, auch ohne genaue Kenntnis des Falles und ganz lange vor irgendeiner Aufklärung: Frau Matthäus-Maier (SPD) verlangt den von Minister Waigel, Herr Peter Hintze (CDU) den von Björn Engholm. Wird sich dann schon herausstellen, was an den Vorwürfen wahr ist.

Könnte es womöglich sein, daß die Politiker - auch aus solchen Gründen - doch nicht so unschuldig sind an ihrem schlechten Image, wie sie tun? Mittendrin im Getümmel sind an diesem Mittwoch ein paar Politiker anzutreffen, die dieser Meinung anhängen - und vermutlich schon sehen werden, was sie davon haben. Hans-Ulrich Klose, der Fraktionschef der SPD, sagt zum Beispiel auf Anfrage, er könne "die Mensch gewordene Selbstgerechtigkeit" auch beim eigenen Haufen nicht mehr leiden (und erzählt ein bißchen später, richtig anerkannt in seiner Fraktion sei er eigentlich erst, seit er vor ein paar Wochen zum erstenmal in einer Fraktionssitzung gebrüllt habe). Die Bundestagspräsidentin wiederum sagt dazu, sie sitze schon von Amts wegen sozusagen zwischen allen Pfeilen: "Die Abgeordneten wollen, daß ich auf die Presse einschlage. Und die Wähler wollen, daß ich auf die Politiker einschlage." Weil es vielleicht beide gelegentlich verdient hätten, behilft sie sich mit gutem Zureden, womit man aber nicht berühmt wird zur Zeit.

Ach so, politisch passiert ist auch noch eine Menge heute, vor allem natürlich ist dies der Tag des historischen Einfalls, einen Teil der Regierung gegen den anderen Teil klagen zu lassen, in der Hoffnung, daß die Klage abgewiesen wird. Die Befürchtung, daß dies nicht jedem Wähler unmittelbar einleuchten wird, hat - wie man hört - Klaus Kinkel so umgetrieben, daß er einen Tag lang sogar seinen Job hinwerfen wollte. Dann aber ist doch noch alles gut ausgegangen, zum Beispiel weil sich am Dienstagabend der Graf Lambsdorff und der Fraktionsvorsitzende Solms beim Italiener getroffen hatten, um das Schlupfloch auszutapezieren, mit dem die Liberalen aus der Krise schlüpfen konnten. Und Klaus Kinkel hat ein bißchen über Nacht gegrübelt, bis ihm - glaubt Lambsdorff - "vermutlich seine Frau" geraten hat, doch lieber die Koalition nicht platzen zu lassen.

So menschlich geht es oft zu in der Politik - um so merkwürdiger, daß sie von den Leuten immer weniger kapiert wird. Was die Leute dagegen schon verstehen werden, ist die Nachricht, daß sich der Abgeordnete Möllemann heute in der entscheidenden Fraktionssitzung vehement gegen den Vorschlag der Koalitionäre ausgesprochen und gesagt hat, er würde sich schämen, einer Bundesregierung anzugehören, die sich solche Tricks ausdenke; man ist eben immer dann am tapfersten, wenn man gerade kein Amt zu verlieren hat.

Ziemlich menschelnd ist das politische Treiben, ziemlich mühsam, nicht immer zum Verlieben - manchmal sehr sinnvoll, manchmal weniger. Auch eine Anhörung über Jugend und Gewalt hat stattgefunden an diesem Mittwoch, eine weitere (vom Bündnis 90) über die immer schlimmer werdende Armut in Deutschland; dann war da allerdings auch noch die regelmäßige Befragung der Regierung im Plenum des Bundestags, bei welcher sich 13 Regierungsmitglieder und acht Abgeordnete gegenübersaßen.

Nein, nicht immer richtig zum Verlieben, diese Demokratie. Es ist nur so, daß an diesem Mittwoch, mittags um zwei Uhr, ein Mann von 93 Jahren eine Rede gehalten hat vor der SPD-Fraktion. Der Mann heißt Josef Felder und ist auf die Minute genau vor 60 Jahren in jene berühmte Reichstagssitzung gegangen, bei der gegen seine Stimme und die seiner Fraktion das sogenannte Ermächtigungsgesetz beschlossen worden ist. Nach diesem Tag war die erste deutsche parlamentarische Demokratie gescheitert, war das Parlament wirklich nur noch eine Quasselbude, weil jetzt Führers Wille das Gesetz war. Nach diesem Tag nahm die Katastrophe ihren Lauf.

Vielleicht gibt es an diesem Mittwoch doch ein paar gute Gründe, dem 12. Deutschen Bundestag eine ganze Menge zu verzeihen? Immerhin haben wir ihn noch.

☆

Donnerstag, 25. März. Er wird ja auch geliebt, mindestens wird er heftig besucht. Heute ist die große Aussprache um Solidarpakt, übrigens mit einer eher guten Debatte. Viel bekommen die Besucher davon nicht mit: Die Gruppe aus dem Schwäbischen ist sauer, daß sie nach einer halben Stunde schon wieder weggescheucht wird, die Schulklasse aus Uelzen kaut interessiert auf ihren Kaugummis, als ihr der Kanzler erklärt, die Republik dürfe nicht zum Freizeitpark verkommen. Immerhin kommt Bewegung in die Truppe, als sie beim Abmarsch aus dem Wasserwerk schon wieder einen Prominenten erkennt: "Ui, der Blüm."

Nicht mitgebracht zur Sitzung hat übrigens der herzlose Abgeordnete Peter Glotz die Kerze, die ihm von evangelischen Christen aus Berne (Wesermarsch) zugesandt worden ist; dabei heißt es doch im Begleitschreiben, der Gemeindekirchenrat habe spontan die Idee gehabt, per Aufruf im Gemeindebrief, Kerzen für Bonn zu stiften, "weil es dort recht dunkel ist: Wenn jetzt jeder von Ihnen eine Kerze zur nächsten Sitzung mitbrächte, dann könnte spontan eine Lichterkette im Bundestag entstehen." Und jetzt also überhaupt keine Kerzen, statt dessen fünf Stunden Gerede über so profane Sachen wie die Neuregelung des Länderfinanzausgleichs: Das wird den wesermarschischen Gemeindekirchenrat natürlich schmerzen. Andererseits sind Enttäuschungen derzeit sowieso an der Tagesordnung: Was etwa Glotz angeht, so hat er - das heißt: haben die Sozialdemokraten - vor allem auch jene Klientel tief enttäuscht, der er selber angehört, nämlich die deutschen Intellektuellen. Wobei die Enttäuschung leider schon wieder auf Gegenseitigkeit beruht.

Lokaltermin zuvor im Büro des untypischen Abgeordneten Glotz: unzählige Bücher, moderne Kunst an der Wand, schicke Möbel - und mittendrin ein Mann, der Politik immer noch für eine lohnende Beschäftigung hält, auch wenn seine Begeisterung vermutlich schon einmal größer war. Wie ist das also mit dem Kontakt zwischen Politik und Intellektuellen, Herr Glotz? Geht mal grade so, sagt der Mann: Den Habermas sehe er einmal im Jahr, ungefähr so oft den Günter Grass, und, nein, geschrieben habe er ihm nicht, als der kürzlich nach langen Jahren wütend aus der SPD ausgetreten sei. Nach wie vor sei er der letzte, der die Intellektuellen nicht wichtig nähme, nur weil die alle Politiker zunehmend zu Idioten erklärten; das letzte Buch von Enzensberger über die "Große Wanderung" finde er sogar brillant und verschenke es bei jeder sich bietenden Gelegenheit. Aber nein, geredet habe er mit dem Enzensberger schon lange nicht mehr, zuletzt, ehrlich gesagt, vor acht Jahren, da hätten sie in Schwabing zusammen zwei Flaschen Wein getrunken. Danach habe der Enzensberger darüber ein Gedicht verfaßt, das sich vor allem mit seinen, Glotz', Rückenbeschwerden befaßt habe; das wolle er nicht so schnell wieder riskieren.

Könnte es sein, daß die Gesellschaft das ihre dazu beiträgt, die Politiker in die Wagenburg zu drängen, weil den alten 68ern zum Beispiel - das hat nun wieder Peter Conradi erzählt - auch nichts mehr einfällt außer: "Ihr müßt jetzt aber was tun!" Da bleibt man vielleicht doch lieber unter sich: Peter Glotz will jedenfalls 1994 noch einmal für den Bundestag kandidieren, das wollen - angesichts der allgemeinen Unlust - erstaunlich viele von denen, die man in diesen Tagen so trifft in Bonn oder in den Verkehrsmitteln dorthin: Lambsdorff tritt wieder an (Genscher natürlich auch, er ist ja jung und gesund) und sowieso der Abgeordnete Erich Riedl von der CSU, der allerdings auf Anfrage, seit er nicht mehr in der Regierung ist, einen erstaunlichen Mangel an Regierungskunst konstatieren muß.

Nur Hans-Jochen Vogel hat über Weihnachten beschlossen, daß es nun genug ist, obwohl gerade ihn Berliner Genossen soeben per Beschluß aufgefordert haben, sie nicht mit den Enkeln allein zu lassen. Müde geworden ist er allerdings noch nicht, wie man leicht erkennen kann, wenn man sich mit ihm zum Mittagessen verabredet: Erstens hat er sich natürlich eine kleine Tagesordnung dafür zurechtgelegt, damit man nicht einfach so sinnlos in der Gegend herumplaudert. Und außerdem, das erzählt er nur so nebenbei, hat er unlängst eine ganze Fernsehsendung (nämlich "Zak" vom WDR) ganz alleine aufgemischt, als sie da versucht haben, ihn mit Hilfe eines satirischen Spots als einen von diesen Politikern fertigzumachen, die zu nichts was zu sagen haben.

Aber Vogel hat's natürlich auch gut, er will nichts mehr werden, nur noch die Verfassungsreform verabschieden helfen, bei der die meisten Blütenträume schon längst verwelkt sind.

Freitag, 26. März. Letzter Tag einer bewegten Bonner Woche. Heute kommen 100 000 Stahlarbeiter nach Bonn, die ganze Stadt ist voll von Plakaten der SPD, auf denen steht, daß Deutschland Stahlstandort bleiben müsse. Wie das im einzelnen gehen soll, steht leider nicht auf den Plakaten, wahrscheinlich hat der Platz nicht gereicht.

Es könnte natürlich auch sein, daß die Politiker es selbst nicht so recht wissen, wie es überhaupt niemand weiß, weil es in schwierigen Zeiten Dinge gibt, die man schlechterdings gar nicht wissen kann, wenn man nicht Hochstapler stehen hat als Beruf im Bundestagshandbuch. Und daß schon viel - wenn auch nicht alles - gewonnen wäre, wenn die Politiker das zuweilen zugeben würden.

Eine der spannendsten Begegnungen dieser Tage ist übrigens die mit dem Abgeordneten Werner Schulz gewesen, einem 40jährigen jungen Mann mit leicht melancholischer Ausstrahlung aus Leipzig, der die Gruppe des Bündnis 90 im Bundestag anführt und gerade dabei ist, die parlamentarische Demokratie zu lernen, die er vor einer Ewigkeit, also vor fünf Jahren, immer ("sogar auf Arbeit") im West-Fernsehen bewundert hat.

Und Lernen ist schwierig: Einiges hat Schulz noch gar nicht kapiert, zum Beispiel, was es bedeuten soll, wenn an einem Mittwoch der Haushalt im Bundestag eingebracht und mörderisch diskutiert wird, nur damit zwei Tage später ein in der Verfassung nicht vorgesehenes Gremium sich harmonisch auf einen nicht mehr änderbaren Kompromiß einigt, "ganz als hätte das ZK entschieden". Anderes kann er dafür schon sehr gut, wie sich gestern im Parlament gezeigt hat, wo er als einziger Redner ein paar passende Sätze zum Gewinnstreben seines ehemaligen Landsmannes Krause gefunden hat.

Und dann ist da noch eine Erkenntnis, die ihn vielleicht mehr verstört hat, als es einem gelernten Westler passiert wäre: daß Politik kompliziert ist und selbst bedeutende Politiker Menschen sind und nicht vom Himmel geschickt. Schulz' eindrucksvollstes Erlebnis in seiner Bonner Zeit war offenbar der Tag, an dem er aus seinem Urlaub zurückgerufen wurde, um mit all den anderen aus dem Parlament den Kanzler und den Außenminister beim Putsch gegen Gorbatschow zu beraten. Schulz hat den Kanzler als sehr "verunsichert" in Erinnerung, während Genscher blaß und verschwitzt gewesen und nicht einmal auf die Idee gekommen sei, von den Putschisten ein Lebenszeichen Gorbatschows zu verlangen.

Kann schon sein, daß sie so sind, die Politiker. Was das Bündnis 90 angeht, so haben die Politiker Werner Schulz und Wolfgang Ullmann am Tag unseres kleinen Gesprächs eine Pressekonferenz gegeben, in deren Verlauf sie gefragt wurden, wie ihre Gruppe es denn nun halte mit dem Einsatz deutscher Soldaten in Bosnien. Wie sich herausstellte, nach längerem Befragen, ist Ullmann dagegen und Schulz dafür.

Die Frage ist ja auch objektiv schwer zu entscheiden, Lieschen Müller hätte da die gleichen Probleme wie Schulz und Ullmann und Klaus Kinkel. Wenn das eine tröstliche Erkenntnis sein sollte, müßte man vielleicht doch gelegentlich nach Bonn fliegen.

Nur das Personal wäre nicht ganz dasselbe.
Wer war gleich wieder Günther Krause?

Appell auf einem Scherbenhaufen

Im Juli 1993 hat die Münchner Bundeswehr-Universität einen neuen Präsidenten bekommen. Den alten hatte sie nach einer Schlammschlacht verloren, die sich gut eignet als Puzzle-Teil des allgemeinen Desasters.

Jetzt wird bald wieder alles gut sein. Am letzten Donnerstag hat der Senat die Kandidaten sortiert, an diesem Mittwoch wird er sich vermutlich für einen davon entscheiden. Wenn der Mann abgesegnet sein wird durch den Verteidigungsminister, hat die schlachtenumtoste Universität der Bundeswehr in München wieder einen Präsidenten - und Ruhe hat sie gewiß auch, schon weil die beiden Hauptkombattanten gerade im "Forschungsfreiraum" irgendwo zwischen der Toskana und Caracas Bücher schreiben und Vorträge halten.

Allgemeiner Friede also? Komisch ist nur, daß ein Nicht-Kombattant wie der Pädagogik-Professor Geißler bei einem Gespräch über die momentane Lage die Bemerkung fallen läßt, die Atmosphäre an der Universität sei "wirklich beschissen".

Das heißt, komisch ist das eigentlich nicht, weil die ganze Affäre nicht komisch ist. Im Gegenteil: Als im März die Zeitungen voll waren mit den Berichten über den Rücktritt des Präsidenten Freiherr von Kruedener, da konnte die Bundeswehr-Universität noch froh sein, daß die Zeitungen gerade ausgelastet waren mit wirklichen Katastrophenmeldungen aus Deutschland und anderswo, so daß sie sich nicht auch noch wochenlang mit den Problemen einer Hochschule befassen konnten. Andererseits besteht das Unglück eines Landes ohnehin aus lauter kleinen Unglücksfällen, weshalb man die unglückliche Art, in der deutsche Demokraten miteinander umgehen genauso am Beispiel einer akademischen Institution in München-Neubiberg studieren kann: an einem kleinen Puzzleteil des allgemeinen Desasters.

Mit einem Morgenappell haben vergangene Woche die studentischen Soldaten des Tages gedacht, an dem vor zwanzig Jahren ihre Hochschule gegründet wurde - von einem Verteidigungsminister namens Schmidt, dem damit, wie der damalige Generalinspekteur Ulrich de Maizière später schrieb, seine "bedeutungsvollste Reform" gelungen war. Daß sie kein ideologisches Projekt wurde, dafür bürgte schon der pragmatische Minister, dem klar geworden war, daß er ohne das Angebot einer akademischen Ausbildung keinen vernünftigen Nachwuchs mehr für seine Bundeswehr bekommen würde. Darüber hinaus aber meinte es die zweite deutsche Republik nun ernst mit der Erziehung ihrer führenden Soldaten zu Staatsbürgern in Uniform und (später) in Zivil.

Zwanzig Jahre lang erwies sich die Reform trotz einiger Rückschläge als gelungen. Als sie, das war im Jahre 1977, eine schlimme Krise überwunden hatte (betrunkene Studenten hatten auf dem Campus Nazi-Lieder gesungen), begann sie sich langsam einen wirklich guten Ruf unter den deutschen Hochschulen zu erwerben: als eine Anstalt, die in manchen Fachrichtungen - Elektrotechnik, Informatik - Überdurchschnittliches leistete, die ihre Studenten mit kurzen Studienzeiten und optimaler Betreuung auch für das Leben nach der Militärzeit ausbildete, eine Anstalt vor allem, die energisch den Ruf bekämpfte, die wichtigste Qualifikation deutscher Offiziere sei ihre weltweit bekannte Zackigkeit.

Als das Debakel begann, hatte der Wirtschafts- und Sozialgeschichtler Jürgen von Kruedener, hochangesehener Präsident seit 1987, seine erste Amtsperiode fast hinter sich, eine Zeit, in der er seine Anstalt in die Rektorenkonferenz gebracht und überhaupt alles unternommen hatte, um sie noch mehr zu einer normalen Universität im Kreise der anderen zu machen. Man muß hier nicht noch einmal jedes Detail der Affäre aufdröseln, die diese Anstrengungen um Jahre zurückgeworfen hat, dazu ist sie schon zu ausführlich beschrieben worden: Es reicht die Erinnerung daran, daß der laut Selbstauskunft "linksliberale" Professor für Philosophie, Georg Geismann, dreimal im Leben (nämlich 1984, 1987 und 1991) die Idee hatte, öffentlich aus Hitlers

"Mein Kampf" zu lesen und daß im Sommer 1992 eine Diskussion darüber begann, wie sinnvoll oder geschmackvoll das ist und ob so etwas nicht mißverstanden werden könne. Völlig eindeutig war immerhin Professor Geismanns Absicht: Er hatte seinen Studenten die Ekelhaftigkeit der Hitlerschen Texte nahebringen wollen.

Die Lesungen, Geismann hat so etwas ja nicht erfunden, blieben ohne jede öffentliche Aufmerksamkeit bis zum Frühjahr 1992 - und warum sich das geändert hat, verdient noch einmal genauer rekonstruiert zu werden. Alles hat begonnen mit der Tatsache, daß der "hochschwierige Geismann" (Kollegenbeschreibung) im Januar 1992 Dekan seiner Fakultät geworden war und seine neue Aufgabe mit Elan und jenen unfreundlichen Briefen begann, für die er in Neubiberg bekannt war. Drei dieser Briefe, bei denen es auch um die Einhaltung von allerlei Dienstpflichten ging, erreichten den Historiker Michael Wolffsohn, der womöglich - der Golfkrieg hatte den Beredsamen gerade erst zu einer Fernsehberühmtheit gemacht - wenig Lust hatte, sich von einem Kollegen schurigeln zu lassen, den er sowieso für einen Spinner hielt. Als er nun ziemlich unvermittelt entdeckte, daß Geismanns Lesungen eine schlimme Sache gewesen seien, spielte gewiß - Wolffsohn beteuert es immer wieder - auch jener heilige Zorn eine Rolle, der einen deutschen Juden in diesen Jahren weiß Gott packen kann bei der Betrachtung der in Deutschland laufenden Ereignisse; nur daß der Zorn in Geismann ein ziemlich ungeeignetes Objekt gefunden hatte. Jedenfalls, W. schrieb seinem Fakultätskollegen einen berühmt gewordenen Brief, ("Mein Kampf - Mein Dekan? Nein danke") und behielt sich schon mal vor, eine Kopie desselben "auch an andere Interessenten weiterzuleiten".

Unter den Interessenten war dann ziemlich bald der Journalist Henryk M. Broder, der sein beachtliches polemisches Talent der Frage widmete, ob Geismanns "aufklärerische Absicht nicht im Gruseligen ihre Wurzeln" habe und ob die Lesung nicht eher der "Verklärung" Hitlers diene als der Aufklärung: Der stellenweise nicht unwitzige

Text über Geismann als Dr. Jekyll und Mr. Hyde litt zwar ein wenig unter der Tatsache, daß Broder sowenig wie Wolffsohn je eine der Lesungen erlebt hatte, war aber immer noch einigermaßen differenziert. Noch hätte eine vernünftige, den Schaden begrenzende Debatte über Sinn und Unsinn solcher Lesungen stattfinden können, auch eine Debatte über die Frage, ob sie nicht jüdische Kollegen verletzen konnten; eine Debatte, der es sicher gut getan hätte, wenn der seinerseits verletzte Geismann sich bei seiner Verteidigung - zum Beispiel bei einem Gespräch mit der *Süddeutschen Zeitung* - einige Formulierungen genauer überlegt hätte.

Aber vielleicht war da auch schon nichts mehr zu retten, nicht beim traurigen Zustand der öffentlichen Debatte der Republik: Jetzt nämlich gingen die Meinungsbildner ans Werk, die - eine Polemik gelesen habend - die Gelegenheit witterten, ihrerseits gefahrlos berühmt zu werden, indem sie noch eins draufsetzen. Bald war klar, daß Geismanns drei Lesungen, die letzte vom Dezember 1991, irgendwie schuld waren an allem, was inzwischen der rechtsradikale Mob in Deutschland angerichtet hatte. Der Journalist Seligmann berichtete im vergangenen Oktober seinen Hörern im Bayerischen Rundfunk, Geismann befinde es - "in einer Situation", in der "Heime von Asylsuchenden mit Brandsätzen bombardiert werden" - "als passend, seinen Hörern Hitlers Glaubensbekenntnisse nahebringen zu müssen"; ein Autor des ZDF behauptete in der Sendung "Aspekte" (die ansonsten davon lebte, daß man Hitler und Schönhuber Geburtstag feiern und Neonazis ihre Umzüge abhalten sah), "der Nazi-Populismus der dreißiger Jahre erfaßte in diesem Jahr die Uni München". Den Gipfel der fairen Berichterstattung übernahm später der Mitteldeutsche Rundfunk, der Geismann einen Hitler-Imitator nannte und ausgiebig aus einem anonymen, an der Uni verbreiteten Hetzblatt zitierte, in dem stand, ein Baron von Lügener habe gelobt, die Universität zum ersten April "judenfrei" zu machen.

Noch fragten sich manche Endverbraucher, was denn um Himmels willen diese Hysterie ausgelöst haben mochte, aber da hätte man schon ahnen können, daß in Wahrheit längst ein politischer Ersatz-Krieg tobte, dessen Frontverlauf nur deshalb lange Zeit unübersichtlich war, weil Wolffsohn mit großem Geschick sich unangreifbar gemacht hatte: Gegen einen deutschen Juden, der eine Hitler-Lesung bekämpft, läßt sich objektiv nur schwer argumentieren. Allerdings hätte man wegen einiger Details der Debatte stutzig werden können. Gewiß hatte Wolffsohn Unterstützung aus allen Teilen des politischen Spektrums, etwa von ein paar SPD-Leuten, die ein bißchen flüchtig gelesen hatten, daß es an der Bundeswehr-Uni irgendwie schlimm zugehe. Aber womöglich war es doch kein Zufall, daß der MDR, fest in der Hand von CSU-Mitgliedern, so heftig auf der Seite des politisch stramm konservativen Wolffsohn focht, kein Zufall auch, daß der BR auf Geheiß des seinerzeitigen Chefredakteurs Mertes einen Fernseh-Beitrag zum Thema nicht sendete, als der nicht nach Wunsch ausgefallen war. Vielleicht war es nicht einmal Zufall, daß einer der wichtigsten Verbündeten Wolffsohns in der Neubiberger Uni ein Professor Steinkamm war, der im Nebenberuf Generalsekretär jenes Peutinger-Kollegiums ist, das 1992 dem bewährten Antifaschisten Kurt Waldheim demonstrativ eine Ehrenkette für seine Verdienste um den Weltfrieden um den Hals gehängt hatte und in dessen Monats-Heften das Genie des famosen Kurt Ziesel gefeiert wird. (Wolffsohn sagt dazu auf Anfrage in Caracas, er entscheide seine Koalitionen punktuell.)

☆

Nun soll man nicht an Verschwörungstheorien basteln, schließlich hat ein solcher Streit immer ein Bündel von Motiven. Um diesen hier ganz zu verstehen, muß man aber doch einem weiteren Faden nachgehen, der sich - bisher ziemlich unentdeckt - durch die Auseinandersetzung zieht: Viele Professoren der Universität denken, daß es auch um die Frage geht, wieviel Autonomie eine Universität der Bundeswehr haben sollte, ob nicht das Ministerium viel stärkeren Zugriff, das Militärische wieder mehr Gewicht bekommen sollte - zwangsläufig gegen die Freiheit von Forschung und Lehre.

Erst wenn man diesen Aspekt im Auge hat, reimt sich nun

manches zusammen: Die Tatsache, daß Professor Wolffsohn (der mit Hilfe des Ministeriums vor zwei Jahren an
20 Kollegen und der Uni-Leitung vorbei überraschend
zum C3-Professor befördert wurde) vom Präsidenten so
vehement ein Eingreifen in einen Konflikt zwischen zwei
Kollegen verlangte; die Tatsache, daß er nicht nur die
Presse, sondern auch den Minister selbst über einen höchst
hochschulinternen Streit auf dem laufenden hielt; die Tatsache endlich, daß er mit dem Ministerium in Bonn eine
Art Kontakt pflegte, die man aus der Sicht der Hochschule
mindestens merkwürdig, wenn nicht illoyal finden muß.

Ein Brief vom Oktober 1992 ist inzwischen aufgetaucht, in
welchem Wolffsohn mit zwei leitenden Bonner Herren
höchst freundschaftlich die Frage erörtert, wie denn wohl
der - immerhin demokratisch gewählte - Herr von Kruedener die Universität "künftig zu leiten gedenke" und ob
"wir weiter darunter leiden müssen". Und dann der erstaunliche Satz eines Universitätslehrers ans Ministerium:
"Oft denke ich (schon seit 1968 ff.), daß die Autonomie der
Universitäten heute nur noch ein begrenzter Segen ist,
eigentlich gar keiner." (Wolffsohn sagt auf Anfrage dazu,
der Satz sei "nicht gerade grandios" gewesen, allerdings
hatte er auch nicht damit rechnen können, daß er bekannt
würde.)

Wenn es um so große Dinge geht, ist dann auch jedes Mittel
recht - und jeder Ausgang muß in Kauf genommen werden. Als die Schlammschlacht ihren Höhepunkt erreicht
hatte, wurde eine alte Denunziation ausgepackt, aus der
hervorging, daß der Soziologe Scheuch im Jahre 1983 (!)
bei einem Abendessen gehört habe, wie der Philosoph
Geismann sich positiv zur Wehrdienstverweigerung ge-
äußert habe (was dieser kategorisch bestreitet). An diesem
Punkt mußte man sich auch nicht mehr über das Satyrspiel
wundern, bei dem der Heißluftballon endlich platzte: Sieben besorgte Professoren unter der Führung Wolffsohns
und Steinkamms hatten sich in der Kantine der Universität
versammelt, um lautstark über einen Protestbrief gegen
den Präsidenten zu diskutieren, der angeblich nichts gegen antisemitische Regungen in der Universität unterneh-
me. Einige Leute hörten das, ein Vertrauter des Präsi-

denten, der zufällig am Nebentisch saß, fertigte ein empörtes Protokoll an. Jürgen von Kruedener, inzwischen am Rande seiner Nervenkraft, schickte es nach längerem Nachdenken nach Bonn - eine Eingebung, von der er heute selber weiß, daß sie alles andere als glücklich war.

Es ist Jürgen von Kruedener danach nur noch der Rücktritt übrig geblieben, weil der Senat diesen seinen Schritt kritisierte, aber auch weil zum Beispiel Wolffsohn in seiner Eigenschaft als Historiker, angesichts des Casino-Vorfalls, im Fernsehen von "Gestapo-Methoden" faselte und weil sowieso überall nur noch von einem "Lauschangriff" gegen sieben aufrechte Demokraten die Rede war, ganz als hätte der Präsident Wanzen in die Kaffeetassen der Herren versenkt.

Als er zurückgetreten war, hat der akademische Senat weitere Fußtritte der sieben gegen Kruedener "aufs schärfste mißbilligt", hat der Minister mit "Respekt" dem gewesenen Präsidenten bescheinigt, daß die Vorwürfe gegen ihn "unbegründet" seien, hat sich unter vielen anderen der Präsident der Münchner TU in einem Brief an Volker Rühe energisch für den Ruf seines ehemaligen Kollegen eingesetzt, der am Ende als einziger zwischen den diversen Mühlsteinen zerrieben worden ist, die er bestimmt nicht in Stellung gebracht hat.

So ist also fast alles wieder gut, nur daß der Ruf einer wichtigen Universität auf Jahre hinaus ruiniert ist. Das war gewiß nicht Michael Wolffsohns Absicht. Andererseits hat er selbst seine Kampagne gegen Geismann dem Präsidenten einmal mit den Worten erklärt, es gehe dabei nicht um die Absicht, sondern um die "objektive Außenwirkung".

Die ist auch hier unübersehbar.

Merkwürdig nur das Echo auf den Artikel. Vorher konnte kein Halbsatz über die Affäre in den Zeitungen erscheinen, ohne daß Wolffsohn und Freunde mit einer Fülle von Leserbriefen darauf geantwortet hätten.
Diesmal: Absolut nichts.

II. Nach der Zeitenwende

Auf schmalem Grat die Wahrheit suchen

Januar 1992: Die Deutschen suchen Stasi-Spitzel.
Das Unrecht einer ganzen Epoche soll aufgearbeitet
werden. Leider muß dabei die Erzeugung neuen
Unrechts in Kauf genommen werden.
Muß es das?

Im Wohnzimmer eines kleinen Hauses in Pankow-Nieder-schönhausen sitzt schon wieder ein Mann, der gerade am geeinten Deutschland irre wird. Dabei überrascht das niemanden so sehr, wie den Mann selbst: Damals, als er noch Ingenieur war bei der "Abteilung Stahlbrücken der Projektierung Straßenwesen" in der Hauptstadt der DDR, hatte er nichts so herbeigesehnt wie den Tag, an dem er seine Brücken auch in den anderen Teil seiner Heimatstadt würde hinüberbauen dürfen; natürlich habe er nicht geglaubt, den Tag je zu erleben. Aber wenn er fernsah, sagt er - und wird gleich rot wegen soviel Offenlegung seines Seelenlebens - sei er gerne mal bis zum Ende des Programms gesessen, um sich die Nationalhymne anzuhören, in der es um "Einigkeit" geht, um "Recht" und "Freiheit".

Dann kamen die Einigkeit und die Freiheit, der Mann wurde, weil er offenbar tüchtig ist und beliebt, Stadtbaurat von Pankow und fand es wunderbar, daß er im Alter von 53 Jahren "endlich einmal zeigen konnte, was in mir steckt". Bis er am 13. Dezember des letzten Jahres - "fassungslos" - einem Schreiben der zuständigen Behörde entnahm, er sei "Geheimer Informator" des ehemaligen Staatssicherheitsdienstes gewesen. Seitdem hat er Probleme mit dem Wort "Recht" in der deutschen Nationalhymne.

☆

Wir sind auf den Adressaten Karolewski, Georg, Tgb.Nr. 14922/91 eher zufällig gestoßen auf einer Reise ins winterliche Berlin. Hauptsächlich hatte sie uns in die Behrenstraße 1416 führen sollen, zu jenem Gebäude, vor dem jetzt schon die Touristenbusse stoppen, weil drinnen die Verwalter jener 220 Kilometer Stasi-Akten sitzen, die sich seit zwei Wochen jedes Opfer einer Bespitzelung ansehen darf. In diesen Akten, sagen draußen im Bus die Reiseführer, sei das Schlimmste gebündelt, was die DDR in ihren vierzig Jahren ausgebrütet hat - und man muß nur drinnen mit Hansjörg Geiger zum Beispiel reden, um zu wissen, wie recht sie damit haben: Der trägt in seiner Eigenschaft als Direktor beim Sonderbeauftragten der Bundesregierung inzwischen "das Wissen aus zehntausend Akten mit sich herum" und kennt nun wirklich jede Sorte von Gemeinheit und Verrat (einschließlich des Verrats der Stasi-Offiziere, die kurz vor der Wende ihren jammernden Informanten schriftlich versprochen haben, alle Akten zu vernichten, nur um diese Akten dann per Vermerk ans Archiv zu schicken). Wahr ist also, daß das Unglück aus vierzig Jahren dokumentiert ist in Geigers Ordnern und Schränken; wahr ist aber auch, daß sehr viel neues Unglück aus den alten Akten quillt. Und deshalb muß jetzt erst einmal die Geschichte des Georg Karolewski erzählt werden.

Karolewski, gebürtiger Pankower, Jahrgang 1933, hatte sich vierzig Jahre lang meist einigermaßen heraushalten können aus den Sümpfen der Politik, für die er sich als Junger auch nicht sonderlich interessierte: Hatte Zimmermann gelernt, dann das Baufach studiert, ging in keine Partei, kam trotzdem unter bei der "Projektierung Straßenwesen". Hätte er nicht zufällig das Zimmer teilen müssen mit dem SED-Bonzen Fiedler - er hätte heute keine Probleme. Genosse Fiedler aber zog es im Mai 1962 vor, in den Westen zu flüchten.

Was dann passierte, ist gewiß hunderttausendmal passiert in der DDR: Die Deutschen werden an solchen Fällen noch viel Freude haben, jetzt, wo schon weit mehr als 100 000 offizielle Formulare abgeholt sind zwecks Einsichtnahme in die Akten, zu schweigen von den 650 000, die von einigen hilfreichen Zeitungen außerdem gedruckt worden sind. Die Staatsorgane jedenfalls interessierten sich für Karolewski, den Arbeitskollegen Fiedlers, der bei seiner Flucht offenbar auch wichtige Pläne und Unterlagen mitgenommen hatte, verhörten Karolewski mehrfach, unterstellten ihm, von den Plänen gewußt zu haben, was aber offenbar nicht stimmte.

Als auch noch eine Postkarte des Geflüchteten aus Nürnberg eintraf, wurden die Verhöre schärfer; zwei oder dreimal habe man ihn zu den Verhören in eine ihm unbekannte Wohnung gebracht, sagt Karolewski, dessen Frau in jenen Wochen immer wieder "Höllenangst bekam, ob er auch heile nach Hause kommt". Anfang 1963, nachdem es noch einen riesigen Krach gegeben hatte, weil irgendwelche Agenten in K.s Haus verbreitet hatten, er sei geschlechtskrank, war alles vorbei - und Karolewski war eigentlich die ganze Zeit über stolz, daß er sich so erfolgreich den Staatsorganen entzogen hatte. (Man hat nicht so viel, worauf man stolz sei könnte als DDR-Bürger, sagt seine Frau.) Bis er nach 30 Jahren, es war kurz vor Weihnachten, Post bekam.

Nun ist es gar nicht so, daß man sich groß entscheiden müßte, ob man nun mehr Herrn Karolewski glaubt oder der Behörde an der Behrenstraße. Auch aus dem Bescheid mit der rätselhaften "Tgb.Nr." geht hervor, daß es bei der angeblichen Zusammenarbeit nur um jene "Aufklärung eines republikflüchtigen ehemaligen Kollegen" ging, daß Bemühungen des MfS, "Herrn K. zu qualifizieren" ergebnislos geblieben seien, daß er schon deshalb ungeeignet war für eine Zusammenarbeit, weil er seiner Frau alles erzählt und sich also "dekonspiriert" habe, wie das im Amtsjargon heißt. Karolewski "wich der Zusammenarbeit aus", bekam kein Geld und keine Auszeichnungen, hat schon deshalb niemandem schaden können, weil die Person, die er "aufklären" sollte, gar nicht mehr da war; im Grunde wäre es völlig nebensächlich, ob er für diese halbjährige Nichtbetätigung einen Decknamen bekommen hat und irgendeine Verpflichtung unterschrieben hat, was K. aber energisch bestreitet.

Nur nützt ihm das Bestreiten erst einmal sowenig wie alle erdrückenden Indizien für seine Unschuld: Bevor er seine Akten einsehen oder irgend jemand seine Sicht der Dinge vortragen konnte, hatte die Behörde bereits dem Pankower Bezirksbürgermeister mitgeteilt, daß Karolewski, Georg, ein IM der Stasi war, mit allen Folgen, die so etwas haben muß: Natürlich war es als mittlere Vorverurteilung gedacht, als der Bürgermeister seinen Dezernenten bat, doch erst einmal in Urlaub zu gehen; natürlich blieb dem unfreiwilligen Urlauber das Herz stehen, als in der *Berliner Morgenpost* über den "unheimlichen Verdacht" berichtet wurde, in welchem neuerdings der Baustadtrat stehe: Am 7. Januar fand im Rathaus die sogenannte "Offenlegung" statt, bei welcher Karolewski vor den versammelten Pankower Stadträten Stellung nehmen und dazu erst einmal aus dem Bescheid vorlesen mußte, sein Deckname sei "Franz" gewesen: Da fühlte er sich, sagt der Mann, "so gedemütigt wie selten in meinem Leben". (Aber seine Akten gesehen hatte er da noch immer nicht.)

☆

Vielleicht muß das ja alles so sein in Zeiten, in denen gehobelt wird. Vielleicht machen ein paar "linksliberale Bedenkenträger" nur viel zuviel Wind um ein paar Späne, die da nun täglich durch Berliner und andere Straßen gewirbelt werden. Wir erwähnen die Sache mit den Bedenkenträgern übrigens nur, weil Joachim Gauck das Wort in Richtung bestimmter Zeitungen benutzt, deren Namen er aber nicht nennen will, als wir ihm eines Nachmittags in dieser Woche gegenübersitzen in seinem schönen Amtszimmer an der Behrenstraße. Gauck, das ist sein Job als Leiter der Behörde, rechtfertigt gerade wieder einmal die Arbeit seiner Leute und das Gesetz, auf dessen Grundlage sie diese Arbeit tun und rühmt die Tatsache, daß mit diesem Gesetz "Neuland betreten" werde: "Endlich sind die Opfer die handelnden Subjekte; der einzelne darf informationell selbstbestimmt leben."

Und es ist ja auch viel Wahres an solchen Erläuterungen. In der Tat ist es ein großer zivilisatorischer Fortschritt, wenn einmal nicht ausschließlich die beamteten Oberarchivare Zugriff haben auf die Daten und Nachrichten, die in einem früheren Leben wildgewordene Nachrichtendienstler über ihre Freunde, Nachbarn, Ehemänner gesammelt haben; in der Tat ist es erfreulich, wenn die große Mehrheit dieser Akten im letzten Jahr gerettet worden ist, statt in den Reißwölfen zu landen, die "zum Teil durchgebrannt waren, als wir die Gebäude übernahmen", wie Gaucks Stellvertreter Geiger berichtet. (Sowieso ist nicht mehr rückgängig zu machen, daß eine Menge Material auch in den Tresoren von Illustrierten gelandet ist, "weil damals im Sommer 1990 die Journalisten in der Stasi-Zentrale ein und aus gegangen sind".) Es gibt also, glücklicherweise, ein paar gute Möglichkeiten, die schlimmsten Opportunisten und Denunzianten von größeren Karrieren im Staatsdienst fernzuhalten. Und es bestimmen, glücklicherweise, die Opfer der Bespitzelung selbst, was mit den Erkenntnissen geschieht, die über sie gesammelt worden sind. Unglücklicherweise kann diese Opfer aber keiner daran hindern, mit diesen Erkenntnissen neues Unheil anzurichten. Die Gauck-Behörde tut es jedenfalls nicht - und manchmal richtet sie, wie im Fall Karolewski, das Unheil sogar selber an.

Schon die ganzen letzten Monate über haben Gaucks Leute ja Auskünfte gegeben an Amtspersonen aller Art, und schon dadurch kam eine gewaltige Lawine ins Rollen, von welcher der gewesene Pfarrer wie der gewesene bayerische Datenschützer Geiger nur hoffen konnten, daß sie nicht auch Unschuldige unter sich begrub. Spätestens aber, seit am 1. Januar dieses Jahres jedes denkbare Opfer Einblick bekommen hat in seine Akten, platzen die Zeitungen endgültig aus allen Nähten von Geschichten über geständige Spitzel, überführte Spitzel, potentielle Spitzel, je nachdem, was einer der Bespitzelten gerade in seinen Akten entdeckt und daraus geschlossen hat und welchem Journalisten er seine Erkenntnisse mitgeteilt hat.

Nun gibt es ja keinen Zweifel, daß bei dieser ziemlich riskanten Methode der Wahrheitsfindung vor allem die tausend Widerlinge und Schufte und jene Verbrecher ans Licht der Öffentlichkeit kommen, die gesunde Menschen im Auftrag des Staates krank zu machen versucht haben. Kein Zweifel ist aber nach den ersten Erfahrungen auch daran erlaubt, daß im allgemeinen Jagdfieber ohne größere Skrupel ins Unterholz gezielt wird, in der Hoffnung, es werde sich da schon einer aufhalten, den die Kugel zu Recht trifft. In diesen ersten Januartagen gibt es zum Beispiel den Fall Gysi, über dessen Behandlung man sich schon wundern muß, wenn man der Meinung ist, daß sich der Rechtsstaat von anderen Formen des Gemeinwesens nicht zuletzt durch Skrupel unterscheidet.

Wundern muß man sich ein weiteres Mal über den Liedermacher Biermann - aber schon auch über die Foren, die ihm für seine Art Wahrheitssuche geboten werden. Irgendwann Mitte vergangener Woche muß Biermann beim *Spiegel* in Hamburg gewesen sein, wohin er einen bitterbösen Brief an Lew Kopelew angeschleppt hat, vor allem aber auch einen bitterbösen Verdacht, mit Konsequenzen. Alles andere läuft dann wie von selbst: In seinem Brief fordert Biermann ganz nebenbei, "ein IM mit dem sinnigen Decknamen Notar" solle nicht "im Bonner Varieté mit demokratischen Bällen jonglieren", weiter vorne im Magazin wird der Leser aufgeklärt, daß Biermann mit diesem Satz "verschlüsselt aber unzweideutig den Juristen Gysi gemeint" habe, um den sich "die Indizienkette immer straffer" lege.

Weil sie das dummerweise dann doch nicht im erforderlichen Ausmaß tut, gibt Biermann schon am Montag in Berlin nach flüchtiger Durchsicht seiner Akten bekannt, daß er Gysi eigentlich doch nicht für einen Stasi-Spitzel halte, das habe der auch "gar nicht nötig gehabt". Eine überaus gutmütige Geste ist das: Worauf Biermann nicht weiter eingeht, ist die Tatsache, daß inzwischen jede deutsche Zeitung ihren Lesern den ungeheuerlichen Verdacht mitgeteilt hat, der Rechtsanwalt Gysi habe seine Mandanten verraten - ein Verdacht, von dem gut möglich ist, daß der Anwalt ihn nie mehr ganz entkräften wird können, was für den Verdächtigen nichts Geringeres als eine "Katastrophe wäre" (Gysi).

☆

So ist das aber nun mal, Gauck findet den Vorfall überhaupt nicht gut, wenn er gerade Zeit hat, darüber nachzudenken auf seiner täglichen Gratwanderung zwischen den Bedenkenlosen und den Bedenkenträgern; man hat sogar, heißt es, "den *Spiegel* ausdrücklich gewarnt", die Story zu bringen, "weil es keinen Anhaltspunkt für eine IM-Tätigkeit Gysis gibt" (Gauck). Andererseits hat die Warnung leider nichts genutzt, weswegen es auch wenig hilfreich ist, wenn der Amtschef und sein Vize Geiger bei Gelegenheit ihrer zahllosen Hintergrundgespräche mit Journalisten gerne darauf verweisen, man dürfe die Arbeit ihrer Behörde nicht "in eins setzen mit einem Gerichtsverfahren", für das viel strengere Maßstäbe gälten. Die Frage ist nämlich, ob die Opfer von Verleumdungen - von denen Gysi immerhin eines sein könnte - irgendeinen Unterschied darin sehen können, ob sie von einem Richter verurteilt werden oder von Zeitungsüberschriften. Die Frage ist weiter, ob Pressesprecher Gill noch ganz bei Sinnen ist, wenn er, das ist am Freitag nachmittag dieser Woche, bekannt gibt, der Name Gysi tauche des öfteren in den Unterlagen auf, man könne nur noch nicht sagen, ob als Opfer oder als Täter. Die Frage ist endlich, ob es in der Bundesrepublik noch allgemein als Skandal empfunden würde, sollte Unschuldigen - auch mit staatlicher Hilfe - Unrecht geschehen. Danach zu fragen wird sogar dann noch möglich sein müssen, wenn die *FAZ* Zeitungen, die auf solchen kleinlichen Fragen bestehen, weiterhin für "sonderbar" erklärt.

Es ist im übrigen ohnehin nicht so, daß die Fronten der Debatte in der Regel so säuberlich verlaufen, wie nun dauernd in den Zeitungen getan wird - nicht für den, der auch nur ein paar Tage eintaucht in den Sumpf. Kein Fühlender, der im Warteraum in der Behrenstraße steht und plötzlich dem Stasi-Opfer Ludwig Mehlhorn begegnet, wird nicht hoffen, daß der Mann die Leute doch noch findet, die ihn bespitzelt, gequält und um seinen Job gebracht haben. (Seine Akte sei verschwunden, sagt er, angeblich, weil hohe Kirchenleute ihn denunziert hätten: "Jetzt sitzt da natürlich der Stachel.")

Umgekehrt braucht man sich nur ein wenig umzuhören in der Behörde, um festzustellen, daß natürlich auch die hauptamtlichen Stasi-Aufklärer sich auf unsicherem Terrain bewegen. Keine Frage bisher, die wirklich geklärt wäre: Gehörte es zur Normalität des DDR-Alltags, mit der Stasi in Kontakt zu kommen? Nein, sagt Gauck und vermutet, es seien nur an die 120 000 informelle Mitarbeiter für das MfS tätig gewesen. (Aber noch eine Stunde vorher hatte im Gespräch sein Stellvertreter Geiger "auf die ganzen vierzig Jahre hochgerechnet" eine halbe Million solcher Spitzel für möglich gehalten.) Und war es häufig, daß ein solcher Informant zu seiner schmutzigen Arbeit erpreßt wurde? "Ganz wenig Erpressung", sagt nun wieder Geiger, ganz im Gegensatz zu Gauck: "Die Drucksituation war oft so groß", hat Gauck in seinem Buch "Die Stasi-Akten" geschrieben, "daß die Betroffenen oft keinen Ausweg sahen, als eine Bereitschaftserklärung zur Zusammenarbeit zu unterschreiben."

☆

Die Wahrheit ist natürlich, daß es die Wahrheit über die Stasi-Agenten gar nicht gibt, weil eine halbe Million Fälle eine halbe Million verschiedene Geschichten ergäben: "Die große Schwierigkeit bei der Frage, ob jemand Täter oder Opfer ist", heißt es dazu bei Gauck, "sind die vielen notwendigen Differenzierungen." Weil für so etwas im Augenblick nicht mehr die Stimmung ist, gibt auch Joachim Gauck erst nach einer Stunde Gespräch und unter vier Augen zu, daß er zum Beispiel im Falle des Sascha Anderson "lieber Seelsorger oder Therapeut wäre". Würde er so etwas lauter sagen und im größeren Kreis, liefe er aber Gefahr, von Biermann als einer dieser "verkrachten Romanciers" beschrieben zu werden, der "seine humanistische Substanz zu Markte trägt", wie sie der Dichter in seinem Brief an Kopelew überall ausgemacht hat.

Es ist, denkt sich der Besucher, der an diesem Tag nach den Gesprächen mit Geiger und Gauck zufällig Wolf Biermann bei der Abgabe einiger Statements zur Sache erlebt, es ist eine wirklich komplizierte Zeit: Humanismus ist nicht so gut, Mitleid ist nur in eine Richtung erlaubt, weil einem sonst keiner mehr glaubt, daß einem die Opfer schrecklich leid tun. Und eine Behörde darf sowieso keine Gefühle haben, die richtet auch nicht, hat Pressesprecher Gill in Sachen Karolewski der *Morgenpost* gesagt, sie sei nur dazu da, "für Glaubwürdigkeit zu sorgen".

Was Georg Karolewski angeht, so hat er aus diesem Artikel erfahren, er hätte in seinem Fragebogen vor Amtsantritt in Pankow angeben müssen, daß er Stasi-Kontakte hatte ("aber ich war doch verhört worden, das sind doch keine Kontakte"); des weiteren ist ihm gegen Ende der Woche gesagt worden, daß er jetzt aber ganz bald in seine Akten wird sehen dürfen, um daraus entnehmen zu können, was er vor 30 Jahren gesagt oder unterschrieben haben soll und ob ihm das ein neues Leben unmöglich machen wird im neuen deutschen Staat. Bis diese Frage geklärt ist, hat ihm schon einmal ein wohlmeinender Kollege nahegelegt, einfach zwei Monate lang die Ohren zuzustopfen und sich dann frühpensionieren zu lassen.

Folgte er dem Rat, dann hätte er auch genügend Zeit, sich nachts wieder die Nationalhymne anzuhören.

Karolewski hat seinen Job natürlich längst verloren,
Gauck übt seinen dafür um so entschiedener aus.
Bei einer Tagung in Hof hat er sehr strenge Worte
gefunden gegen gewisse Journalisten, die
"von ihren bequemen Redaktionssesseln in München
aus" an seiner Arbeit herumkritisieren.
Da müßte er aber erst einmal probesitzen...

Reise an den Rand des Kraters

Im Februar 1992 unternimmt der SPD-Politiker
Hans-Jochen Vogel eine Reise durch zwölf Republiken
der ehemaligen Sowjetunion.
Der ihn begleitende Reporter schreibt
ein Tagebuch.

Kischinjow. Gegen den Einzug in die Hauptstadt Moldawiens kann man wirklich nichts sagen: Zwei Polizeiautos
voraus, wir selbst in Riesenlimousinen, die Kreuzungen
von langer Hand gesperrt, damit die moldawischen Autofahrer auch was von uns haben. So etwa, nur noch drama-
tischer, muß es früher zugegangen sein, wenn Moldawiens
Förderer, der Generalsekretär Breschnew, der Stadt die
Ehre gegeben hat unter dem Staunen der Bevölkerung.
Heute zieht, auf der vierten Station seiner Reise durch die
GUS, nur der Gospodin Hans-Jochen Vogel aus der Stadt
Bonn ein, samt acht Begleitern; aber "wir leben jetzt in einer
schwierigen Zeit", das sagt ja auch gleich der Parlaments-
präsident beim ersten Gespräch.

Man merkt das allerdings nicht sofort, nicht wenn man mit
offiziellen Persönlichkeiten in offiziellen Gebäuden offizielle Gespräche führt über die "russischen Separatisten
am Dnjestr" oder die Perspektiven der Vereinigung mit
Rumänien. Wenn es nach den Amtsgebäuden ginge, dann
wären wir in diesen drei Wochen sowieso auf einer Wanderung durch alle zwölf Republiken des Schlaraffenlan-
des, und hier wäre dessen Hauptstadt: Das Amtszimmer
des Parlamentspräsidenten mahagonigetäfelt, die Frak-
tionszimmer mit Marmor verkleidet, der phantastisch hohe Plenarsaal mit Abstand der luxuriöseste, den ich je
gesehen habe. Was den moldawischen Sozialismus angeht, so war eines seiner Ideale ganz offenbar die Verbin-
dung von öffentlichem Reichtum mit privater Armut, auch
wenn diese Behauptung gewiß ungerecht ist, wo doch in
diesem Land nur zwölf Prozent der 4,4 Millionen Einwoh-
ner unter der Armutsgrenze leben. (Die Statistik stammt
allerdings aus der Zeit vor der Preisfreigabe; inzwischen
ist alles noch viel schlimmer geworden.)

Auf jeden Fall zu den Armen gehören die Sozialdemokraten, die wir auf der Suche nach der neuen demokratischen Zeit in einem verfallenen Außenbezirk treffen. Das Hauptquartier der kürzlich gegründeten Partei ist ein trostloser ehemaliger Gerichtssaal, in dem sich die deutschen Besucher nach wenigen Minuten verstohlen ihre Mäntel vom Kleiderständer - und zwei Erkenntnisse abholen. Erstens: Die Demokraten hier müssen sich ganz schön warm anziehen. Und zweitens: Der Krieg geht wie immer gegen die Hütten, während es in den Palästen gewohnt friedlich zugeht.

☆

Tiflis. So ein wunderschönes Abendessen hatten wir bisher überhaupt noch nicht auf unserer Reise: Richtig heiter ist der Ministerpräsident Sigua, wie er da so sitzt und den georgischen Liedern lauscht und den Trinksprüchen des erstaunlich trinkfesten Herrn Vogel sowie der anderen deutschen Gäste, die es beim immerwährenden Toast-Wettkampf dieser Reise diesmal immerhin auf ein achtbares Ergebnis von 8 : 9 bringen. Ausgesprochen idyllisch wäre es hier, wenn da nicht die zwei kräftigen Männer im Raum stünden, die sich als Kugelfang vor den beiden Fenstern des festlichen Raumes postiert haben. Und wenn es nicht offensichtlich Maschinenpistolen wären, derentwegen sich ihre Sakkos so bauschen.

Es ist nämlich überhaupt nichts idyllisch in Tiflis in diesen Tagen: Nicht auf den Straßen der wegen ihrer Schönheit weithin gerühmten Stadt, in denen man heute gelegentlich jemanden in den Ruinen der Häuser hämmern hört, die vor einigen Wochen zerschossen wurden und ausgebrannt sind; auch an den Bus-Haltestellen geht es nicht freundlich zu, an denen Tausende von wütenden Menschen, die vorher stundenlang um ein Hühnchen angestanden sind, nun um Plätze in den Bussen kämpfen, weil die Metro mangels Strom ihren Betrieb eingestellt hat.

Der Abend hier im Gästehaus der Regierung ist sowieso gespenstisch: Seit acht Wochen, erzählt der Ministerpräsident, habe er nun nicht mehr zu Hause geschlafen, aus

Angst vor den Schüssen der Kamarilla des von ihm vertriebenen Präsidenten Gamsachurdia. Später erzählt er dann noch von jener Schule gleich neben dem Präsidentenpalast, die jetzt auch zerschossen ist; als Kind hat er da die deutschen Kriegsgefangenen, die den Palast bauen mußten, hin und wieder mit Marmeladenbroten gefüttert, zusammen mit eben jenem Schulkameraden Gamsachurdia, der ihn später zu seinem Ministerpräsidenten gemacht hat. Nachdem Sigua gegen den Mann geputscht hatte, hat er übrigens niemanden einsperren lassen von den Anhängern des offenbar größenwahnsinnig gewordenen Schulfreundes. Aber das erhöht natürlich ebensowenig die Legitimität seiner Amtsführung wie seine persönlichen Überlebenschancen.

Der Abschied ist ungeheuer melancholisch, grade deshalb, weil inzwischen die meisten betrunken sind. Er sei von Beruf Professor für Hüttenwesen, sagt Sigua, und wäre es gerne wieder, und vor allem würde er gerne in Frieden leben, wenn hier eine Chance auf Frieden bestünde. Wir gehen dann unter strenger Bewachung.

Es gibt Städte, aus denen der Gast gerne wieder wegfährt, zum Beispiel weil er sein Abendessen am liebsten ohne den Schutz von Maschinenpistolen einnähme. Manchmal sind es dieselben Städte, aus denen gerne wieder wegzufahren der Gast sich schämt.

☆

Baku. Diesen Tag in der aserbaidschanischen Hauptstadt wird so schnell keiner der Beteiligten vergessen: So oft hat man ja nicht Gelegenheit, den Kriegen dabei zuzusehen, wie sie Gestalt annehmen in den Händen der Kriegstreiber.

Dieser Teil der Erzählung muß vielleicht schon zwei Tage vorher in Eriwan beginnen - in Deutschland ist da gerade Rosenmontag gewesen, aber Deutschland ist an diesem Tag eine Million Kilometer entfernt gewesen von Eriwan. In Armenien klirrt einer der kältesten Winter der letzten fünfzig Jahre, seit Dezember können keine Wohnungen beheizt werden aus Mangel an Erdgas und Öl, die Leute braten am offenen Feuer im Freien - wenn sie etwas zu braten haben sollten. Ein Kilo Fleisch kostet jetzt 80 Rubel, und die Intourist-Dolmetscherin hat auf Anfrage gesagt, sie verdiene 350 Rubel im Monat. (Danach hat sie uns in die phantastische, unbeheizte Handschriftensammlung geführt, in der zu sehen ist, daß die Armenier schon eine große Kulturnation waren, als unsere Vorfahren noch auf den Bäumen froren.)

Und zu alledem ist also Krieg, wir haben auch in Eriwan in jeder Minute gespürt, wie er die Köpfe der Leute besetzt hält: Beim Gespräch mit den Studenten war es zu spüren, die ohne jeden Beweis todsicher gewußt haben, daß der Gegner mit Waffen kämpft, die Bonn aus den Beständen der NVA den Türken geschenkt habe; auch beim demonstrativ verlangten Besuch des Denkmals für den Völkermord an den Armeniern, in dessen Mausoleum neuerdings das Gas für die ewige Flamme fehlt. Der armenische Präsident Ter-Petrosjan endlich hat zwar einen sehr beherrschten Eindruck gemacht, aber keinen Zweifel daran gelassen, daß allein die Aserbaidschaner schuld sind an der Eskalation im autonomen Gebiet von Berg Karabach. Bis in die Besichtigung der Cognak-Fabrik hat uns der Krieg verfolgt, wo mitten in die fröhliche Probe hinein der fröhliche Direktor die Geschichte von dem kleinen Jungen eines Freundes in Karabach erzählt hat, der kürzlich schon vor acht ins Bett gewollt habe, weil er lieber habe im Schlaf vom Tod überrascht werden wollen als im Wachen.

Natürlich hat der Cognak-Direktor nichts von den aserbaidschanischen Kindern erzählt, keiner hat das in Eriwan getan, so ist das wohl, wenn im Krieg die patriotischen Gefühle übermächtig werden. Hier in Baku aber, zwei Tage später, werden die Gefühle durch gewisse Politiker auch noch mit aller Gewalt angeheizt, vermutlich weil gerade in harten Zeiten manche Staatsmänner diese Hitze brauchen, um berühmt zu werden und um ein paar Punkte zu machen. Die kosten dann vielleicht ein paar tausend Menschenleben.

Vogels Gespräch mit dem aserbaidschanischen Ministerpräsidenten Gasanow beginnt also damit, daß der deutsche Besucher betont, er wolle hier das gleiche sagen, was er schon in Eriwan gesagt habe, nämlich, daß Nationalitäten-Konflikte friedlich gelöst werden müßten - ohne Grenzänderungen zugunsten der Armenier, aber auch mit möglichst viel Autonomie für die Leute in Karabach; der Ministerpräsident trommelt dazu nervös mit den Fingern auf die Tischplatte und bemerkt, er sei sehr tolerant, er habe sogar schon mal den Papst getroffen.

Dann beginnt ein absurder Dialog, direkt ins Protokoll diktiert für zwei Regierungsbeamte des Landes. V. mahnt zur Geduld, G. sagt, er sei kein Rassist, es gebe aber zwei exterritoriale Mächte auf der Welt, die Armenier und die Juden; V. fragt nach den Möglichkeiten für Autonomie der Karabacher, G. fragt zurück, ob das neuerdings die Sozialistische Internationale zu beschließen habe und ob das hier Verhandlungen seien oder was; V. sagt, auch die Armenier litten unter dem Krieg, hätten zum Beispiel kein Erdgas, G. sagt, da habe man sich ganz schön hinters Licht führen lassen, im übrigen sei das Fernsehen in Moskau von lauter Armeniern unterwandert.

Als der Ministerpräsident zum viertenmal hintereinander jede Frage des nicht so leicht einzuschüchternden Vogel nach dem Nutzen einer Vermittlungsaktion mit der immer lauter gebrüllten Feststellung beantwortet hat, es seien aber die Armenier, die "unsere Frauen vergewaltigen und unsere Kinder töten", macht Vogel dem Ganzen ein Ende. Anschließend fragt der Ministerpräsident grinsend die deutschen Begleiter, warum sie denn gar nichts gesagt hätten.

Am nächsten Tag fordern die aserbeidschanischen Massen in einer großen Demonstration den Rücktritt ihres für ihren Geschmack allzu maßvollen Präsidenten Mutalibow; die Demonstration findet gleich neben einem pompösen Heldenfriedhof statt, und man kann die nächsten Gräber schon wachsen sehen auf den Gräbern von heute. Unser Gesprächspartner Gasanow, erfahren wir bei der Gelegenheit, ist über Nacht ein Stück mächtiger geworden.

In der Zeitung steht, er habe mit Vogel ein konstruktives Gespräch geführt.

☆

Taschkent. Das ist jetzt die zehnte Station der Reise, seit Moskau haben wir zirka 9000 Kilometer hinter uns gebracht, ob unsere Seelen auch schon angekommen sind in Usbekistan, ist ungewiß. Jedenfalls verschwimmen einem all die Lenin-Denkmäler der verwesenden Sowjetunion inzwischen langsam vor den Augen, genau wie all die umbenannten ZK-Gebäude der verwesenden Partei; auch sind die immer neuen besorgten Erklärungen unserer diversen Gastgeber über immer noch ein separatistisches Natiönchen nur mehr schwer auf die Reihe zu kriegen.

Nichts natürlich gegen Südosseten und Nordosseten und Krimtataren, die offenbar alle nicht mehr überleben können ohne jeweils eigene Nationalgarde und am besten auch eine eigene Währung. (Einer der Präsidenten, die wir getroffen haben, hat behauptet, er habe schon persönlich eine armenische Währung gesehen und eine aserbaidschanische.) Selbstbehauptung ist wichtig: Aber praktisch wäre es schon, wenn beispielsweise die Fluglotsen der Nation der Abchasen in Georgien nicht plötzlich beschließen würden, über der Stadt Suchumi für ein paar Tage den Betrieb der Funkleitstelle einzustellen. Dann hätten wir nicht einen ganzen Nachmittag lang im eiskalten Warteraum des reizenden Flughafen des Ortes Adler am Schwarzen Meer zubringen müssen, wo außer einem Bildband über Helden der Arbeit in der Fabrik "Uralmasch" wenig Zerstreuung geboten ist.

Andererseits lernt man natürlich auch eine Menge kennen auf so vielen Stationen: Drei zentralasiatische Präsidenten haben wir jetzt schon gesehen, alle drei früher gestandene ZK-Sekretäre und inzwischen hochdemokratisch, ohne daß es der Besucher immer sofort merkt. In Turkmenistan hat der Präsident von sich aus das lästige Thema Dissidenten angesprochen und sofort darauf hingewiesen, daß ein gewisser Schriftsteller nicht wegen seiner politischen Meinungen, sondern wegen Verführung Minderjähriger im

Gefängnis sitze. Der Staatschef Tadschikistans wiederum, ein unglaublich dicker Fachmann für die nachlassende Fruchtbarkeit von Kühen, war völlig verwirrt darüber, daß der hohe Gast aus Deutschland über solche Themen mit ihm im Beisein aller seiner Begleiter sprechen wollte. Der usbekische Präsident endlich hier in Taschkent beginnt das Gespräch mit dem Satz, es solle nun ein offener Dialog beginnen und eröffnete ihn sofort mit einem Statement von handgestoppten 75 Minuten darüber, wie reich das Land eigentlich wäre, wenn es die Russen nicht derart ausgebeutet hätten. (Später gibt er Vogel vollkommen recht auf dessen Bemerkung, daß eine Opposition notwendig sei in der Demokratie; nur "konstruktiv" müsse sie halt sein.)

Nicht arm jedenfalls sind die Parteibonzen gewesen, das ist unverkennbar. Das Schöne an unserer Reise ist nämlich unter anderem auch dieses: Daß wir manchmal in den traurigen Hotels absteigen, in denen aus der Dusche das braune kalte Wasser fließt - und dann wieder in den Gästehäusern des früheren ZK untergebracht werden, in denen das Appartement des Delegationsleiters zur Unterbringung zweier Fußballmannschaften taugte. So weiß man wenigstens, wie schwer der realsozialistische Alltag war: Wenn ihr mühevolles Wirken im Dienste der arbeitenden Klasse zu Ende war, haben sich die Parteibonzen in Taschkent in ein riesiges Billardzimmer zurückgezogen oder sich im eigenen Kino amerikanische Gangsterfilme reingezogen. Man gönnt sich ja sonst nichts.

Das Taschkenter Abendessen (Stör, Käse, geräuchertes Pferdefleisch) nehmen wir zusammen mit dem Zentralrat der Volksdemokratischen Partei ein. Das ist eine ganz neue Partei, was man schon daran merkt, daß ihr die Hälfte des Vermögens der KP gehört und 342 000 Mitglieder und 74 Prozent der Mandate im Parlament, worauf der Zentralrat auch sehr stolz ist. Im übrigen sind die Herren sehr engagiert, voll guten Willens ("Alles was nützlich war im alten System, müssen wir behalten, das andere ändern") und vermutlich ganz effektiv, was sich schon am Nachmittag gezeigt hat, als sie bei unseren Treffen mit Oppositionellen das Zimmer nicht verließen und jedes Wort mitschrieben. Wir unsererseits reden nun auch sehr ausführlich und voll guten Willens mit den Funktionären, viel gutwilliger jedenfalls, als die politische Klasse in Deutschland jemals mit dem Vorstand zum Beispiel der PDS reden würde. Aber das sind ja auch nur unsere Landsleute.

Alma Ata. Wir haben jetzt doch noch zwei ganz andersartige Präsidenten gefunden - ihr Ruf als Reformer eilt ihnen weit voraus. Allerdings sind sie dann doch ganz unterschiedlich, schon in der Art, wie sie mit ihren Gästen reden. Präsident Akajew von Kirgistan hat seine Begrüßung für Vogel mit lauter Liebeserklärungen an die Deutschen begonnen und an ihre "Gewissenhaftigkeit, Moral, Religiosität"; Präsident Nasarbajew von Kasachstan dagegen hat die Frage des Delegationsleiters Vogel nach den Kernwaffen mit der Bemerkung quittiert, von diesem Thema habe er jetzt langsam die Nase voll. Danach hat er allerdings ohne langes Herumreden bestätigt, daß er jetzt auch Präsident einer Atommacht ist, und hinzugefügt, wir könnten aber ganz beruhigt sein. Abgesehen von solchen Unterschieden ist schon erstaunlich und beschämend, wieviel Hoffnungen auch hier im südöstlichsten Winkel des zerborstenen Riesenreiches ausgerechnet in jenes moralische und religiöse Deutschland investiert wird, das dieses Reich überfallen hat und dann unter unsäglichen Opfern von ihm besiegt worden ist.

Ein Goethe-Institut wünscht sich Nasarbajew für Kasachstan, und Akajew sagt, er habe für die Deutschen mit ihren "großartigen Ingenieuren, Lehrern, Kaufleuten" alle Türen weit aufgemacht. Leider aber ("Ich muß das ganz offen sagen", berichtet traurig der kirgisische Präsident) ist bisher noch kein einziger Investor hereingekommen durch die Tür. Ob Akajew ahnt, daß er da wohl von Anfang an gewaltige Illusionen hatte? Die deutschen Investoren haben bekanntlich nicht einmal viel Lust, sich in der früheren DDR zu engagieren, in der inzwischen mit sehr viel Steuergeld eine vernünftige Infrastruktur geschaffen worden ist: Hier in Kirgisien kann man für ein Telefongespräch schon nach Moskau ein paar Stunden Vorbereitung benötigen. Von Gesprächen mit Westeuropa ganz zu schweigen.

Womöglich liegt es ja an diesen Kommunikationsproblemen, daß die Welt immer noch so furchtbar wenig über die Tragödie rings um den sterbenden Aralsee weiß? Dabei ist deren Ausmaß, wie die Naturschützer hier sagen, nicht weniger schrecklich als die der Katastrophe von Tschernobyl. Millionen von Menschen rings um den See sind inzwischen krank, mehr als dreißig von 1000 Säuglingen sterben im ersten Lebensjahr, schon fangen die Gletscher im Hochgebirge Kirgistans zu schmelzen an wegen der chemisch versalzenen Luft, die der Wind in die Höhen wirbelt. Und kein Konzept ist erkennbar, das Rettung bringen könnte, nur Schuldige gibt es: Es sind, wie zu erwarten, die Russen, die "all die Baumwolle gebraucht haben", deren Bewässerung den See zum Sterben gebracht hat. In Sachen Aralsee war es der usbekische Präsident gewesen, der den fraglichen Satz ganz nebenhin losgeworden ist; aber sowieso erleben wir so gut wie kein Gespräch in all den Republiken, in denen nicht wenigstens einmal die Russen, "das Zentrum" für alles Übel, verantwortlich gemacht würden. Lauter Fundamente sind diese Sätze, auf denen die vertrauensvolle Zusammenarbeit in der Gemeinschaft Unabhängiger Staaten aufs prächtigste gedeihen wird. Die würde natürlich auch der Präsident Usbekistans grundsätzlich sehr begrüßen.

☆

Moskau. Wieder zurück in Moskau. Ist irgendein denkbarer Toast noch unausgebracht, ein Präsident noch nicht begrüßt? Ach so, Jelzin ist Hals über Kopf in Urlaub gefahren, was aber vermutlich nichts mit unserem Besuch zu tun hat. An seiner Stelle sehen wir diesmal nur den Parlamentspräsidenten, der ein paar unfreundliche Untertöne für seinen Staatschef übrig hat und viele böse Kernsätze gegen Gorbatschow ("hat uns ein Land mit zerrütteten Finanzen hinterlassen"). Sowieso ist Vogel auf der ganzen Reise so ungefähr der einzige Politiker, der den früheren sowjetischen Präsidenten regelmäßig lobt.

Es reicht jetzt im übrigen mit unseren Begegnungen, ohnehin ist das Tagebuch bis an den Rand vollgeschrieben, und Dutzende Leute stehen drin, von denen jeder eine eigene

Geschichte wert wäre, meistens eine furchterregende. Ein Fabrikdirektor in Baku steht beispielsweise drin, der mit "noch 20000 Leuten" Ölförderanlagen herstellt, schon mit den ersten Entlassungen in der Verwaltung beginnt, und nun seine Tage damit zubringt, quer durch die Republiken zu fliegen, um die Schrauben zu aquirieren, die ihm bis vor kurzem durch ein Ministerium einfach zugeteilt wurden. Auch der stellvertretende Polizeiminister von Weißrußland müßte beschrieben werden, der in der ersten Nacht damals in Tschernobyl Dienst tat, 120 Röntgen abbekam und nun "häufig ein bißchen müde ist". Und natürlich jener prächtige Deutsche einer rheinischen Stahlfirma, der jetzt in Kiew ist, um für die Ukrainer "minderwertigen Stahl nach Südostasien zu verkaufen, weil die hier ja auch dafür zu dumm sind". So schlimm können die Zeiten nämlich gar nicht sein, daß ein deutscher Herrenmensch seine Laune verlöre.

Und auch solche Leute haben wir gesehen, die dem Leben einen neuen Sinn geben wollen im Angesicht des Bombenkraters, den die jüngsten Explosionen im Bewußtsein der Menschen hinterlassen haben. Könnte es sein, daß die es am schwersten haben? Mindestens sind sie nicht immer sofort zu verstehen. Den großartigen Roy Medwedjew zum Beispiel haben wir zum Abendessen getroffen, langjähriger Dissident und Opfer des Stalinismus, der nun folgerichtig "die Ideale des Humanismus mit denen des Kommunismus verbinden" möchte. Und bei Seiner Heiligkeit, dem Patriarchen von Moskau, waren wir, der sich über die Verzwanzigfachung der Zahl kirchlicher Hochzeiten freut, aber schon wieder über die Tatsache ärgern muß, daß der Vatikan so tut, "als müsse er jetzt Rußland missionieren". Es gibt nämlich in diesen entspannten Monaten nichts Wichtigeres als die Frage, ob nun katholisch frömmer ist oder russisch-orthodox.

Später in Taschkent hat uns dann noch der Mufti mitgeteilt, daß wir uns vor dem Fundamentalismus der Muslime nicht fürchten müssen, weil das sowieso eine Erfindung der Christen ist. Mehr als 8000 Moscheen gebe es jetzt in Taschkent, die Kinder lehrten ihre Eltern den Koran. Nur bei der Regierung machen sie zu solchen Meldungen besorgte Gesichter.

Beim neugegründeten "Komitee zur Wahrung der wirtschaftlichen Interessen des Präsidenten", das wir hier in Moskau am letzten Tag besuchen, verehren sie jetzt einen gewissen Ludwig Erhard, der auch sonst auf unserer Reise überall angefleht worden ist, wenn an irgendeinem Konferenztisch von den neuen Zeiten die Rede gewesen ist. (Hat aber St. Erhard wirklich die Marktwirtschaft auf den Ruinen von hunderttausend Staatsbetrieben errichten müssen, die sie nun dauernd in Aktiengesellschaften umwandeln, welche auch wieder dem Staat gehören oder ein paar cleveren Staatsbediensteten ohne Geld? Hat er nicht.)

Noch schnell ein Gespräch mit dem Gorbatschow-Berater Sagladin, der gerade aus Deutschland zurück und noch ganz begeistert ist von dem herrlichen Empfang "in diesem bayerischen Schloß neben der großen Kirche". Im April, erzählt er, werde man vermutlich zur nächsten Deutschland-Reise aufbrechen, und dann wird der große Gorbatschow vielleicht schon wissen, daß er im März in Neuschwanstein gewesen ist und in der Wieskirche. Und sich in Bayern ungefähr genausogut auskennen, wie wir in der GUS.

Nur, daß es nicht sehr riskant ist, wenn die Leute nicht wissen, wie sich in Bayern alles weiterentwickeln wird. Für hier gilt das leider nicht.

Eineinhalb Jahre sind inzwischen vorbei, vieles hat sich geändert: In Aserbeidschan ist schon der Nachfolger des Präsidenten Mutalibow gestürzt (genau wie jener schreckliche Gasanow), der zurückgetretene georgische Regierungschef darf seine Abendessen hoffentlich wieder ohne den Schutz von Maschinengewehren zu sich nehmen. Die Kriege sind noch mehr geworden.

Laborversuch auf neuem Terrain

*Im Frühjahr 1992 hat sich eine Wochenzeitung der
Ex-DDR in Richtung Westen vorgewagt.
Eine Zeitung probt die deutsche Vereinigung.*

Zum Beispiel könnte man die deutsche Teilung (und wie
schwer sie zu überwinden ist) auch anhand der Geschichte
einer Zeitung erzählen. Heute gehört diese Zeitung dem
Verlag Gruner+Jahr und soll mit gesamtdeutscher Redaktion so etwas werden wie eine preiswerte *Zeit* aus dem
Osten für das gemeinsame Deutschland. Damals hat in der
alten BRD kaum jemand gewußt, daß es diese Zeitung
"drüben" überhaupt gibt. Wir konnten uns ja, vor und nach
den vielen Tagen der deutschen Einheit, nicht auch noch
dafür interessieren, was die Brüder und Schwestern den
ganzen Tag so lesen.

☆

Es war aber so, erzählen viele neue Landsleute, daß die
Wochenpost ein wichtiger Teil ihres Lebens war. Unglaub-
liche 1,3 Millionen Auflage hatte das Blatt (bei 17 Millionen
Einwohnern), doppelt soviel hätte man verkaufen können,
wenn das Papier gereicht hätte. Großvater und Enkel und
Nachbarn haben nacheinander in dem Blatt gelesen, sofern
die Mutter es vom Papierhändler nach Hause brachte, der
es ihr vielleicht im Gegengeschäft gegen einen Packen
Einwickelpapier wortlos in die Hand gedrückt hatte. In
einem Land, dessen Tageszeitungen die Begrüßung des
mongolischen Vizeaußenministers durch E. Honecker geschlossen mit dreispaltigen Artikeln würdigten, hatte die
Wochenpost schon deshalb vergleichsweise begeisterte Leser, weil sie sie in der Regel mit solchem Schrott nicht
behelligte und ihnen im Zweifel lieber mitteilte, wie man
sich mit einfachen Mitteln ein Schnur-Regal baut. Das
Marketingkonzept (eine Zeitung "für die Putzfrau und den
Professor", erinnert sich der stellvertretende Chefredakteur von damals) dürfte wenig Parallelen haben in der
Welt. Es wird auch nicht mehr viel Schule machen.

Der erwähnte Stellvertreter, es muß nun die Wahrheit heraus, war Kommunist, wie überhaupt in dieser Zeitung etwa 70 Prozent der Redakteure in der SED waren, erstens sowieso und zweitens auch aus praktischen Erwägungen; mindestens bei Ressortleitern war es einfacher, wenn sie wußten, wo sie anrufen mußten zur Vermeidung von Ärger oder um ihn hinterher zu minimieren. Andererseits muß man sich vielleicht nicht einmal alle Kommunisten immer ganz gleich vorstellen: Als diese Zeitung zu Weihnachten 1953 gegründet wurde, war sie als der Versuch des Regimes gedacht, nach dem Desaster des 17. Juni ein wenig mit dem Volk ins Gespräch zu kommen, wenn man es schon nicht auflösen und ein neues wählen konnte. Dazu brauchte man Kommunisten, aber keine 150prozentigen.

Das erste Kommando, das also antrat, habe im Wesentlichen aus Leuten bestanden, die gerade irgendwo anders rausgeflogen waren, erinnert sich die Reporterin Margot Pfannstiel. Sie selbst war beim *Neuen Deutschland* nicht mehr gelitten - war also ein problematischer Fall genau wie der junge Redakteur Klaus Polkehn, den wir später als jenen stellvertretenden Chefredakteur erleben werden und den sie später heiratete; dem war nun wieder das Unglück zugestoßen, einen Vater zu haben, dem im Jahre 1953 jener berühmte Druckfehler in der *Tribüne* nicht aufgefallen war, der aus Stalin einen "Freund des Krieges" gemacht hatte. Der Vater bekam dafür fünf Jahre Zuchthaus, der Sohn seinen Stempel ab, und daß er trotzdem an das Gute im Sozialismus glaubte, gehört zu jenen Rätseln, die nicht auf der beliebten Rätselseite der *Wochenpost* zur Lösung angeboten wurden.

Natürlich war das kein Oppositionsblatt, es gab nämlich keine Oppositionsblätter in der DDR. Wer heute die alten Bände durchblättert, findet, vor allem in den ersten Jahrzehnten, jede Menge nervender Sprüche gegen die "kalten Krieger von Rhein und Ruhr", die "ewig Gestrigen" und über die Freundschaft zur Sowjetunion, die ohne das Adjektiv "unverbrüchlich" einfach keine rechte Freundschaft gewesen wäre. Unverkennbar ist aber auch, daß neben all den Beiträgen über die alten Nazis von Bonn ("Der Schoß ist fruchtbar noch"), über die "Akte Oberländer" und den "SA-Schröder", die ja nicht immer ohne jeden Wahrheitsgehalt waren, sich zunehmend so etwas wie Journalismus ins Blatt schlich: mit informativen Berichten aus Afrika und Asien, mit manchmal glänzend geschriebenen Film-Rezensionen und Porträts, aus denen der Leser etwas erfahren konnte über die geheimnisvolle Welt der Fellinis und Bergmans, die zwar aus dem Kapitalismus stammten, aber trotzdem interessante Filme machten. Das war schon mal etwas in der muffigen DDR.

Ansonsten war es wohl das Geheimnis des Blattes, daß es das Lebensgefühl des Landes ziemlich genau widerspiegelte und auch nicht viel opportunistischer war als die meisten seiner Leser. Was die Leute bewegte, erfuhr der Kenner aus den Annoncen, in denen jemand "blaue Fliesen" für seinen Trabbi wollte, was im Klartext natürlich Westgeld bedeutete; wie es der Wirtschaft ging, erkannte man, erinnert sich die Chronistin Regine Sylvester, schon an den Umfängen. "Bei Hochwasserschäden", schreibt Frau Sylvester, die jahrzehntelang die *Wochenpost* nur las und seit ein paar Monaten als Redakteurin wunderbare Stücke für sie verfaßt, "bei Hochwasserschäden der Papierfabriken magerte die Zeitung auf 16 Seiten ab, genau wie im strengen Winter 1963."

Der Inhalt war zumindest teilweise außergewöhnlich - und nicht nur, weil die Redaktion so verbrauchernah war, daß die weiblichen Mitglieder die volkseigenen Büstenhalter überzogen, wenn Leserinnen wütend waren über das schlechte Angebot der einschlägigen Industrie. Aus den Gerichtsreportagen der *Wochenpost* ging überraschend hervor, daß es im Paradies der Werktätigen jede Menge Diebe und Mörder gab, aus manchen Industriereportagen, wie denen der nachmaligen Schriftstellerin Monika Maron, daß die Arbeiter in Bitterfeld blau anliefen, wenn sie mit bestimmten Giften in Kontakt gerieten. Natürlich war es nicht einfach, solche Reportagen gegen die Aufpasser von der Partei unterzubringen im Blatt - Monika Maron hat das später in ihrem Roman "Flugasche" beschrieben. Aber manchmal gelang es eben doch, zum Beispiel mit Hilfe der Kollegin Pfannstiel (die im Roman Luise heißt),

und dann kam es schon vor, daß sich hinterher ein Partei-
hierarch meldete und sich dafür bedankte, daß endlich mal
jemand die Wahrheit schreibe.

Die Wahrheit - das war natürlich ein großes Wort. Die aus
der DDR wußten nur allzu genau, daß sie sich der Wahrheit nur höchst unvollkommen annäherten, und auch das
nur gelegentlich. Die Frage, ob man überhaupt mit An-
stand Journalist sein kann in einem totalitären System, hat
Hunderte von Journalisten bei *Für Dich* oder der *Neuen
Berliner Illustrierten* in den Zynismus oder den Alkoholis-
mus getrieben, sofern sie nicht von Natur aus bornierte
Karrieristen waren; auch die Sensibleren unter den *Wochenpost*-Redakteuren stellten sie sich einmal wöchentlich
und beantworteten sie immer wieder neu und jeder anders.

Wenn gerade ein bißchen Tauwetter herrschte -, unter
einem Abteilungsleiter Agitation beim ZK namens Hans
Modrow zum Beispiel, dann erschienen Klaus Polkehn die
wöchentlichen Befehlsausgaben an die Chefredakteure als
einigermaßen erträglich; wenn die Genossen nervös wurden (und das wurden sie nach 1980 kontinuierlich), dann
blühte ihm wieder eines seiner insgesamt sechs Magenge-
schwüre, die er sich im Laufe seiner Karriere erworben hat.
Manchmal war man über Gebühr feig, manchmal war man
ziemlich tapfer und machte ein Interview mit Christa Wolf,
obwohl diese gerade in Ungnade gefallen war bei der SED.

Viele Journalisten sind immer wieder ausgewichen auf das
Schreiben von Sachbüchern oder historischen Aufsätzen.
Aber auch einen Akt des Widerstandes hat es gegeben in
der Geschichte des Blatts: Das war 1956, als das Redak-
tionskollegium an Ulbricht schrieb wegen der Informa-
tionspolitik in Sachen Ungarn und Polen. Die Partei nannte
das Konterrevolution, feuerte den Chefredakteur - und als
später die Mauer gebaut, als in Prag einmarschiert wurde,
blieben die Protestbriefe aus.

So war das in der ganzen DDR, so war das in der *Wochenpost*, bei der an einem melancholischen Wochenende die
Journalisten Polkehn, Pfannstiel und Maron einen ganzen

Nachmittag darüber nachdachten, ob man angesichts der armseligen DDR ein so hübsches Blatt machen dürfe, wie sie das versuchten.

☆

Ach ja, lange ist das her, die DDR ist verstorben, und überraschenderweise lebt die *Wochenpost*, die nun versucht, angesichts der prächtigen Bundesrepublik ein erfolgreiches Blatt zu machen. Leicht ist das nicht, möglicherweise dafür wichtig - und ganz gewiß spannend, wenn man die Chance hat, den Redakteuren dabei zuzusehen, wie sie in ihrem häßlichen Gebäude an der Berliner Mauerstraße quasi im Laborversuch die Wiedervereinigung journalistisch probieren. Viele gemischte Redaktionen gibt es sowieso nicht im Land, derart konsequent komponierte überhaupt nicht: Mit einem Drittel Ost/alt, einem Drittel Ost/neu und einem Drittel West soll versucht werden, die Probleme, die die Deutschen miteinander haben, einigermaßen präzise und einigermaßen angemessen zu beschreiben.

Lokaltermin also bei der Dienstagskonferenz im Redaktionsgebäude gleich neben dem Checkpoint Charlie, der inzwischen ein Denkmal ist. Muß schwierig sein, in solcher Nachbarschaft Zeitung zu machen mit Leuten und für Leute von beiden Seiten des immer noch ziemlich stabilen Vorhangs. Sind aber auch lauter schwierige Fragen, auch heute wieder: Wird der junge Kollege G. aus dem Westen, der vergangene Woche so selbstironisch seinen Einzug in die Fünf-Zimmer-Wohnung am Müggelsee beschrieb, auch bei seiner nächsten Geschichte wieder feststellen müssen, daß die Redakteure aus dem Osten, die seine Probleme mit dem lauwarmen Käsekuchen des "Cafés im Jugendstil" auch gerne hätten, sowas gar nicht komisch finden können? Ist es sehr nützlich, wenn die Feuilleton-Chefin (Ost/neu) ihn halb witzig ermahnt, diesmal "nicht so von oben herab auf die Ossis zu schauen"?

Und was passiert mit dem Text, den eine Ost-Redakteurin gegen eine Geschichte ihrer neuen Kollegin aus München verfaßt hat und in dem erst heftig für die Idee der Kinderkrippen geworben wird, bis der Artikel unversehens bei der Behauptung endet, die Gesellschaft sei "die menschlichere, die es den Frauen erlaubt, in einem Beruf erfolgreich zu sein und sich zudem in einem Kind weiterzugeben"? Das Ergebnis einer längeren Debatte - sagt der Chefredakteur Mathias Greffrath, ein einfallsreicher Ex-68er mit ganz wenig Wessi-Allüren -, das Ergebnis wird sein, daß an diesem Text noch ein bißchen gearbeitet wird und die Münchnerin auf der gleichen Zeitungsseite darauf antworten darf. Danach wird zwar wenig geklärt sein zwischen Ost und West - aber warum sollte ausgerechnet eine Zeitung dem Rest des Volkes so furchtbar weit voraus sein?

Die Verunsicherung ist sowieso mit Händen zu greifen, in tausend Fragen: Wie werden die treuen, im Schnitt überalterten Ost-Käufer (zuletzt höchstens 140 000) mit der jüngsten Preiserhöhung auf 1,80 Mark zurechtkommen? Und wie mit dem fehlenden Fernsehprogramm? Ist die Zeitung, die großen Wert legt auf wichtige Autoren - Jens Reich etwa, Klaus Hartung, Peter Bender, Wolfgang Leonhard -, am Ende zu intellektuell für sie? (Eine Angst, die lustigerweise der neue Verleger am meisten mit den alten Ost-Redakteuren zu teilen scheint.) Und wird sich die alte Bundesrepublik, über die bisher angeblich gewonnenen 10 000 Käufer hinaus, wirklich für eine "Qualitätszeitung aus den neuen Bundesländern" interessieren?

Andererseits wäre möglicherweise die eigene Verunsicherung (und damit die der Leser) so etwas wie ein redaktionelles Konzept in einer Zeit, in der die absoluten Gewißheiten erst einmal wenig Konjunktur haben. Vielleicht ist es durchaus spannend, ein Blatt zu lesen, in dem die Fetzen, die in ganz Deutschland fliegen, in bedruckter Form zu haben sind. Vielleicht ist es in diesen Tagen sogar attraktiv, wenn Journalisten wöchentlich einmal sich selbst in Frage stellen.

☆

Das war ja nun in den alten Zeiten der *Wochenpost* eher nicht möglich. Ungefähr so wie jetzt, sagen die Kollegen

Pfannstiel und Polkehn im Laufe eines langen Gesprächs, ungefähr so wie jetzt hätten sie ihre Zeitung früher auch gerne gemacht. Und das wird man schon eine deutsche Überraschung nennen können.

Inzwischen hat die Wochenpost 30 000 Leser im Westen und noch immer einen sehr guten Stamm im Osten. Wenn die deutsche Vereinigung auf allen Gebieten so unkompliziert verliefe...

Gegeben wird der heldenhafte Kommunist

*Im Dezember 1992 ergreift der Angeklagte Erich Honek-
ker zum ersten und einzigen Mal das Wort in dem
nach ihm benannten Sensationsprozeß. Glücklich
ist keiner der Beteiligten über das Verfahren.*

Da sitzt er nun und kann nicht anders - und hat endlich
wieder eine Rolle, in der er sich aufgehoben fühlt. Der
besiegte Kommunist hat das Wort ergriffen, der Unge-
beugte, den die Klassenjustiz verfolgt, wie sie das schon
immer getan hat im Land der "Reichen und Millionäre":
"Ich spreche, um Zeugnis abzulegen für die Idee des Sozialismus", sagt mit lauter Stimme Erich Honecker - und je
länger er redet und je energischer, desto häufiger fragt sich
vielleicht mancher Zuhörer, warum der Mann früher, als
er noch das Staatsoberhaupt war, oft so lebendig wie seine
eigene Handpuppe gewirkt hat. Nicht, daß der Angeklagte H. den Eindruck machte, er hätte viel hinzugelernt, hätte
inzwischen einiges verstanden vom Desaster einer Idee
und davon, was er selbst zu diesem Desaster beigetragen
hat. Im Gegenteil: Die Rede im Saal 700 des Moabiter
Gerichts strotzt geradezu - als wär's ein Stück von Karl
Eduard von Schnitzler - von all den Klischees, die sich der
Mann aus dem Kalten Krieg herübergerettet hat; klingt so,
als hätten die alten Feindbilder - nach all den Freundlich-
keiten und Toasts für die Staatsmänner des Klassenfeindes
- am Ende eines langen Lebens nun endlich wieder die
Oberhand gewonnen über das Entspannungsgerede, das
die Zeiten zwischendurch erforderten.

Verbittert ist die Rede, manchmal verbohrt, unbelehrt -
aber erstaunlich ist sie auch, gerade weil sie so gar keinen
Wert mehr auf die Floskeln und Vagheiten legt, mit denen
auch ein amtierender Chef-Kommunist aus seinem Her-
zen so lange ein Mädchenpensionat zu machen hatte. Da
redet einer Tacheles, der sich selbst und den Leuten gegen
Ende seines Lebens immerhin zu erklären versucht, warum er so und nicht anders war und daß die Kinder in den

DDR-Kindergärten glücklich gewesen seien, während im Westen der Dealer vor dem Tore steht.

☆

Da sitzt er und kann nicht anders und ist mit sich im reinen, weil er alles genauso glaubt, wie er es sagt. Viel spricht dafür, daß diese erste große Erklärung des Angeklagten H. auch seine letzte sein wird, "im Hinblick auf Ihre persönliche Befindlichkeit", wie das der Vorsitzende freundlich umschreibt, als er Honecker erlaubt, für seine Rede an seinem Platz sitzen zu bleiben. Seit man am Mittwoch im Gefängniskrankenhaus das neueste Sonogramm gesehen und festgestellt hat, daß der Tumor in der Leber innerhalb des letzten Monats wieder um zwei Zentimeter gewachsen ist, so daß man ihn schon von außen tasten kann, seither sind nun alle beteiligten Juristen offenbar genauso besorgt, wie es der behandelnde Arzt schon seit einiger Zeit ist. Inzwischen drückt der Tumor auf die Niere, dem Patienten wird beim Essen übel, es kann jetzt nur noch Tage dauern, bis von den Sachverständigen eine Computertomographie vorgenommen wird: Wenn es die Ergebnisse aus dem Krankenhaus bestätigt, wird das Verfahren gegen Honecker, Erich, geboren am 25. August 1912 in Neunkirchen, sofort eingestellt, weil nämlich das Ziel des Verfahrens nicht mehr erreichbar ist, wie das ein Staatsanwalt am Tag vor der Verhandlung formuliert.

Das Ziel des Verfahrens. Das Ziel ist natürlich ein Urteil, genauer gesagt eine Verurteilung, weil ein Freispruch schlechterdings undenkbar wäre nach vier Mauerschützen-Prozessen und den dabei verhängten Gefängnisstrafen gegen Gefreite und Offiziere. Zwischen acht und neun Jahre, vermuten Experten, müßten mindestens herauskommen für die Angeklagten dieses Prominentenprozesses, jetzt, nachdem auch der Bundesgerichtshof die Urteile gegen die ausführenden Organe gebilligt hat. Seit der 5. Senat des BGH auf das dünne Eis dieser Verfahren zur Stabilisierung neues eiskaltes Wasser gespritzt hat, heißt die Rechtsgrundlage der Verfahren ungefähr so: Verurteilt werden all die Angeklagten nach den Gesetzen der DDR; auch in der DDR durfte man aber nicht ohne weiteres auf

Menschen schießen; und der Rechtfertigungsgrund, den Paragraph 27 des DDR-Grenzgesetzes liefern sollte, ist nicht wirksam, weil das "in grober und unterträglicher Weise der Gerechtigkeit widerspräche". Übergesetzliches Recht nennen das die Juristen.

Die Frage ist nun natürlich, warum im Einzelfall etwas unerträglich ist - und vor allem deshalb ist es nicht gut, daß gegen Erich Honecker nicht mehr zu Ende verhandelt werden kann, der in seiner großen Verteidigungsrede darauf besteht, man habe an der Mauer schießen müssen, um den 3. Weltkrieg zu verhindern. Wird jemand noch ernsthaft auf diese Behauptung erwidern?

Klar ist ja, daß ohne den Angeklagten H. die Öffentlichkeit sich ziemlich schnell für anderes und für farbigere Prozesse interessieren wird. Tausend Fragen werden so nicht beantwortet, tausend Debatten nicht zu Ende geführt, schon deshalb, weil sich um die Verstrickungen des ebenfalls angeklagten früheren Sekretärs des Nationalen Verteidigungsrats namens Streletz kaum einer kümmern wird.

Letzte Gelegenheit also, einem Jahrhundertprozeß beizuwohnen, der nur für Wochen einer gewesen sein wird. Und die verblüffendsten Schlachtordnungen aus der Nähe zu beobachten. Glücklich wirkt keiner der beteiligten Juristen in diesen Tagen. Nicht der Vorsitzende Bräutigam, von dem Eingeweihte sagen, nichts bekümmere ihn mehr, als womöglich vor der Geschichte nicht zu bestehen, entweder weil er zu nachgiebig erscheinen könnte gegen einen prominenten Kriminellen oder zu unnachsichtig gegen einen todkranken Prominenten. Auch die Staatsanwälte sind nicht froh, die einerseits "voll hinter dieser Anklage stehen" - und andererseits um so wütender ("aber zitieren Sie mich bitte nicht") registrieren, daß in der Stadt des Prozesses vor kurzem ein gewisser Gorbatschow zum Ehrenbürger ernannt wurde.

Was Gorbatschow angeht, so erwähnt übrigens Honeckers

Verteidiger Nicolas Becker im Gespräch, der habe sich noch 1987 mit aufmunternden Worten ins Gästebuch der DDR-Grenzschützer eingetragen - aber gewisse Persönlichkeitsbrüche sind in diesen Tagen ja nicht einmal berühmten Verteidigern fremd: Einer wie Becker zum Beispiel hat jahrzehntelang darunter gelitten, wie die deutsche Justiz mit den Naziverbrechen umging ("Was damals Recht war, kann heute nicht Unrecht sein"). Und heute weist er gesprächsweise darauf hin, man dürfe die geschriebenen Gesetze eines Staates - also etwa ein Grenzgesetz - "so unwichtig auch wieder nicht nehmen im Vergleich zum übergesetzlichen Recht". Einen solchen Satz hätte Becker in der grauen Vorzeit, also vor drei Jahren, von sich vermutlich auch nicht erwartet.

Tausend Fragen, wie gesagt, werden nun womöglich nicht beantwortet - schon weil fast alle verbleibenden Angeklagten offensichtlich vor allem darauf hinweisen werden, sie seien nur Militärs und hätten ohnehin nichts zu sagen gehabt. Da ist etwa die von Honecker angesprochene Frage, wie frei die deutschen Kommunisten denn eigentlich waren bei der Sicherung ihrer Grenzen; weil in der Anklageschrift dieser Aspekt nicht einmal erwähnt wird, wäre es für die Wahrheitsfindung sicherlich nützlich, wenn wenigstens die ehemaligen sowjetischen Würdenträger als Zeugen gebeten würden, die sich inzwischen auf deutschem Boden von den Strapazen ihres früheren Jobs erholen.

Und dann ist da die Frage, die den Rechtsanwalt Becker besonders interessiert - die Frage nämlich, ob es so etwas gibt wie eine Hierarchie der Menschenrechte. Und wenn es sie gibt - was daraus folgt. Wenn es nämlich stimmt (was auch einer der Staatsanwälte ohne weiteres einräumt im Gespräch), "daß die Greueltaten des Dritten Reiches in Dimension und Qualität nicht vergleichbar sind mit diesen Todesschüssen" - bedeutet das dann, daß 68 tote Flüchtlinge und ihre verzweifelten Familien nicht mehr ins Gewicht fallen? Und wäre es im Prozeß ein Argument gewesen, daß, wie Honecker das in seiner Erklärung andeutet, bei der Ergreifung des Dikatators Noriega durch die Amerikaner in sechs Tagen Tausende von Toten zu beklagen waren? Können rechtsstaatlich organisierte Gerichte überhaupt den Taten der Staaten und Staatsmänner beikommen - und was würde daraus folgen, wenn sie es gar nicht erst versuchten?

☆

Niemand ist offenbar glücklich im Saal 700 des Moabiter Kriminalgerichts - nicht über den Prozeß, nicht über seinen Verlauf, nicht über seine Einschätzung in dem Volk, in dessen Namen hier Recht gesprochen wird. Nicht einmal über die Grundbegriffe ist man sich schließlich einig geworden: Handelt es sich beispielsweise um einen politischen Prozeß, wie der Angeklagte Honecker nicht müde wird, seinen Richtern vorzuwerfen? Aber ja doch, sagen die Anwälte, insofern er von Schuld und Unschuld von Politikern handelt bei der Ausübung ihres Amtes. Aber nein, sagen die Staatsanwälte, die mindestens dann recht haben, wenn damit gemeint ist, daß da die Sieger-Politiker über die Verlierer-Politiker zu Gericht sitzen.

Was die Politiker angeht, ist es eher so, daß sich die Strafverfolger - man muß da nur herumfragen - im Stich gelassen fühlen von ihnen. Die hätten doch, sagt einer, im Einigungsvertrag entweder die Gesetze der DDR im ganzen für maßgebend erklären - oder gleich das Grundgesetz in dem Sinne ändern können, daß die rechtsstaatlichen Gesetze der BRD rückwirkend hätten angewandt werden können. Man ist lieber vage geblieben, sagt ziemlich bitter dieser Vertreter der Anklage, dem ja auch nicht entgangen ist, daß der damalige Justizminister die Auslieferung Honeckers mit sehr viel mehr Kraftaufwand betrieben hat als der damalige Innenminister. Dieser erinnert sich aber vielleicht nur besser an all die Konferenzen und Aussprachen mit dem heutigen Angeklagten - mit allen Ehrenbezeigungen, aus denen Erich Honecker vielleicht doch nicht entnehmen konnte, sein Verhalten sei den westlichen Politikern grob unerträglich (nur tröstet das niemanden, dessen Sohn im Feuer der Grenzsoldaten verblutet ist).

☆

Da sitzt er nun also, der für solche Tragödien die Verantwortung trägt und sie auch tragen will, wie er sagt; daß er inzwischen niemand mehr ist, den der westliche Prozeßbeobachter leicht hassen könnte, hängt natürlich vor allem auch mit der Tatsache zusammen, daß er nicht mehr lange leben wird und das nur allzugut weiß. Tags zuvor, als er von den 10,3 Zentimetern gehört hat, auf die sein Tumor nun angewachsen ist, ist er offenbar kurzzeitig total zusammengebrochen. Jetzt im Gerichtssaal hat er sich wieder gefaßt, jetzt verlangt seine Rolle, sich wie Dimitroff zu benehmen, der im Reichstagsbrandprozeß die feindlichen Richter beschämt hat durch die Unerschrockenheit des heldenhaften Kommunisten. Diese letzte Stunde hat er noch, um sich der Welt so zu präsentieren, wie er gerne gesehen würde.

Es wird eine eindrucksvolle Stunde, eindrucksvoll aber auch, weil da ein Politiker sitzt, der für das Unglück, das er mit angerichtet hat, nur ein paar Nebensätze des Bedauerns findet ("hat uns immer bedrückt"). Und dem nicht auffällt, daß der Vorwurf, den er den bundesdeutschen Politikern macht, ganz besonders für den Staatsmann Honecker beispielsweise des Jahres 1989 gegolten hat: "Wen Gott vernichten will, den schlägt er mit Blindheit."

Kurz vor oder nach Weihnachten wird das Verfahren gegen Erich Honecker eingestellt werden, dann wird er wohl nach Chile fahren und seinen Tod erwarten. Natürlich wird nichts geklärt sein durch diesen Prozeß, die Auseinandersetzungen werden eher noch heftiger werden, als sie es schon sind. Noch schlimmer wäre es wohl nur gewesen, wenn Honecker gar nicht vor Gericht gestanden hätte.

In der Tat ist auch ziemlich heftig gestritten worden, unter anderem hat der Vorsitzende zurücktreten müssen, womit er durchaus in die Justizgeschichte eingegangen ist, wenn auch ziemlich ruhmlos.
Kurz darauf ist Erich Honecker ausgeflogen worden - unter Hinterlassung eines Gebirges von Zweifeln.

Die spiegelverkehrte Moral der Spione

Im Mai 1993 beginnt der Prozeß gegen Markus Wolf.
Gibt es gute und böse Geheimdienste - und woran
erkennt man sie?

Ein mutiger Mann sei der große Markus Wolf nicht, hat kürzlich sein Porträtist Hans Halter in dem lesenswerten Buch "Krieg der Gaukler" geschrieben; dafür sei er "intelligent, diszipliniert und sehr vorsichtig". Wie also wird sich so ein Mann verhalten, wenn er unvermutet eines Tages als Angeklagter vor fünf Richtern sitzt? Er verhält sich nicht sehr mutig, aber intelligent, diszipliniert und vorsichtig.

Nein, sagt der Angeklagte Wolf, als er am Mittag dieses ersten Verhandlungstages endlich zu Wort kommt, nein, sagt er sehr ruhig, er werde sich künftig nicht mehr äußern zu all den Vorwürfen, die ihm hier gemacht würden, "nicht vor den Schranken dieses Gerichts". Dieses eine Mal aber wolle er doch noch reden und sagen, wie er die Lage sieht. Vorsichtig sagt er es und ohne eine Sekunde die Stimme zu erheben: daß er auch nichts anderes gemacht habe als die gegnerischen Dienste; daß das Gericht ein Zeichen setzen könnte gegen Rache und Vergeltung; und daß, wenn es anders käme, der Prozeß in die Reihe "einseitiger politischer Prozesse" eingehen werde, in denen Siegerrecht gesprochen würde.

Schon wahr, kämpferisch kann man den Auftritt des legendären Wolf nicht nennen - dafür hat er die Hintertür zur Gunst seiner Richter doch ein wenig zu demonstrativ offen gelassen, ganz anders als Erich Honecker das getan hat, der beim letzten großen Auftritt vor seinen Berliner Richtern noch einmal den ungebrochenen Revolutionär gegeben hat, ganz anders als der Politiker Hans Modrow, der bei seinem jüngsten Gerichtsauftritt vor Selbstgerechtigkeit schwer atmete. Einer wie Markus Wolf ist kein Revolutionär und kein Politiker, sondern Intellektueller - und wenn so einer nebenbei auch noch jahrzehntelang Geheimdienstchef gewesen ist, dann war er das ("Ich habe den Vergleich nicht zu scheuen") natürlich auf untadelige Weise: ganz Offizier und Gentleman. Porträtist Halter würde sagen, so sei das nun mal, wenn einer sein Leben damit zugebracht hat, "seine Person zu mythologisieren" - aber der wirft ihm ja auch vor, daß er ständig eine Sonnenbrille getragen hat, wie man das nun mal müsse als Abenteurer und harter Mann.

☆

Am Dienstag im Düsseldorfer Oberlandesgericht trägt Wolf übrigens eine ganz gewöhnliche Brille - um am falschen Platz den Agentenchef zu mimen, dafür ist er nun wiederum viel zu intelligent und vorsichtig. Überhaupt haben es die Richter des Düsseldorfer Oberlandesgerichts natürlich sehr viel schwerer als literarische Beobachter, die zu keinem Endurteil kommen müssen: Daß die Anklageschrift der Generalbundesanwaltschaft gegen den Generaloberst a. D. Markus Wolf, Deutscher, verheiratet, nicht vorbestraft, genau 389 Seiten mächtig ist, sagt alleine noch nichts über das Gewicht ihrer Argumente und die strafrechtliche Schuld des Angeklagten. Zumal da die Schrift schon weniger dick gewesen wäre, wenn sie dem gewesenen Generalobersten nicht auch noch hätte nachweisen wollen, daß er ein überzeugter Kommunist war und gesprächsweise den Einmarsch der Russen in die CSSR gerechtfertigt hat. Wären solche Bekenntnisse bei konspirativen Schnittchen und Bier strafbar, dann müßten die Bundesanwälte ihre Anklageschriften am Fließband verfassen.

Andererseits sind, einmal abgesehen von der strafrechtlichen Bewertung, die Vorwürfe gegen Markus Wolf und sein Amt nicht immer so dünn und schon gar nicht durchgängig besonders lustig; man sollte sie also schon vor sich haben, wenn man den charmanten Herrn bewundert, der da so gelassen zwischen seinen Anwälten sitzt. Neun Seiten allein widmet die Anklageschrift den generalstabsmäßig organisierten Bemühungen der Hauptverwaltung Aufklärung (HVA), mit Hilfe ihrer prächtigen Agenten Bonner Frauen für ihre Geschäfte zu benutzen und dabei ins Unglück zu stürzen: In einschlägigen Filmen mag es unterhaltend wirken - in der Praxis liest es sich nur schäbig und widerlich, wie sich da die Vorkämpfer des humanistischen Sozialismus mit Liebesschwüren in die Betten einsamer Sekretärinnen vorgekämpft haben, um ihnen dann zu erklären, zum Beweis der Liebe bedürfe es nun noch diverser Dokumente über die NATO-Übung Fallex oder die Vorzimmergeheimnisse des Abteilungsleiters 3 im Bundeskanzleramt. Wenn der Abteilungsleiter "abgeschöpft" war und die Liebe erkaltet, waren die Herren Agenten in der Regel geflüchtet und die verzweifelten Frauen im Gefängnis, wo sich einige daran erinnern durften, daß sie gelegentlich einen charismatischen, grauhaarigen Herrn mit Sonnenbrille kennengelernt hatten: Markus Wolf hat es sich ja nicht nehmen lassen, manchmal selbst mit problematisch gewordenen Damen "einfühlsam" über ihre psychischen Probleme zu reden.

Einen Anflug von schlechtem Gewissen läßt Wolf eher nicht erkennen, wie er so dasitzt im Saal 01 des Oberlandesgerichts - es sei, sagt er, bei seiner Arbeit schließlich um die große Sache gegangen, um die "Aufrechterhaltung des Friedens"; da konnte man wohl auf Kleinigkeiten wie die Lebenstragödien anderer Menschen keine Rücksicht nehmen. Geheimdienste seien "kein Mädchenpensionat", hat Herr Wolf kürzlich gesagt - und wenn man ihn in Sitzungspausen jungen Journalistinnen jovial Interviews gewähren sieht, dann wünschte man sich kurz, es gäbe Strafrechtsparagraphen gegen Zynismus.

Es gibt sie aber nicht - und so viel in den nächsten vier oder fünf Monaten die Rede sein wird von unappetitlichen Geschichten dieser Art, sie werden die Wahrheitsfindung nicht sehr voranbringen. Wolfs Rechtsanwalt Johann Schwenn aus Hamburg wird darauf hinweisen, daß manchmal - zum Beispiel im Vorzimmer des Ministerpräsidenten Grotewohl - auch der BND mit "Romeos" ein "Gänseblümchen" herumgekriegt habe, woraufhin die Bundesanwaltschaft sagen wird, das könne man gerne als wahr unterstellen und ändere doch nichts an der Notwendigkeit, Wolf zu verurteilen. Trotz solcher Parallelen nämlich sei das Gewerbe des Herrn Wolf unvergleichbar mit dem Gewerbe, das etwa sein Kollege Kinkel vor ein paar

Jahren ausgeübt hat als Präsident des Bundesnachrichtendienstes. Und erst an diesem Punkt wird die Verhandlung wirklich aufregend werden: Sie handelt dann wieder einmal von der deutschen Geschichte und der Art, wie die Deutschen damit umgehen.

☆

Vor allem deshalb ist ja der Düsseldorfer Prozeß so wichtig: Weil bei dieser Gelegenheit im Namen des Volkes die zwei Denkschulen vor aller Augen aufeinanderprallen, deren Vertreter seit drei Jahren eher unter sich über die strafrechtlichen Folgen der unvermuteten Wiedervereinigung gestritten haben. Auf der einen Seite sind da die Juristen, die vor allem beim Bundesgerichtshof sitzen und auch in Düsseldorf, die darauf bestehen, Spionage für die freiheitliche Bundesrepublik sei etwas grundsätzlich anderes als Spionage für das Unrechtssystem DDR, weshalb sich an der Verfolgung dieser unmoralischen Spione nichts ändern könne; auf der anderen Seite sind diejenigen, die mit dem Ende des Kalten Krieges eine neue Zeit angebrochen sehen, welche das Ausfechten der alten Schlachten unsinnig mache. Ein paar Monate lang nach der 89er November-Revolution sah es so aus, als ob sich letztere Schule durchsetzen würde - das waren die Monate, in denen vor allem auf konservativer Seite die Idee einer Amnestie für Spione gute Chancen zu haben schien, Wolf nennt in seiner Rede vor dem Gericht ausdrücklich den bundesdeutschen Innen- und den Justizminister. Dann wollte die SPD gleich auch noch die Amnestie für Friedenskämpfer und Mutlangen-Blockierer - und plötzlich zeigte sich, daß ohnehin die Zeit für Versöhnung vorbei war. Seitdem wird wieder Recht gesprochen, als ob nichts gewesen wäre - nur daß man jetzt den Wolf vor die Flinte bekommen hat, der sich vor zwei Jahren seinen Treibern stellen hat müssen.

Es ist aber doch etwas gewesen, der ganze erste Tag in Düsseldorf handelt davon. Zum Beispiel gibt es Juristen wie den renommierten Münchner Revisions-Anwalt Gunter Widmaier, der sich Gedanken machte über die Frage, wieso nach einem verlorenen Krieg - so bestimmt es die Haager Landkriegsordnung - die Spione der feindlichen

Heere straffrei ausgehen und wieso das nicht gelten soll, wenn erfreulicherweise der Konflikt zwischen zwei Systemen ohne Schuß einen Sieger findet. Und dann gab es zweitens, als Widmaier diesen und andere Gedanken dem Berliner Kammergericht vortrug, einige Richter, die solche Ideen nicht für völlig abwegig hielten. Als jedenfalls dieses Kammergericht über den Angeklagten Werner Grossmann zu entscheiden hatte, den Nachfolger von Markus Wolf, schloß es sich weitgehend der Argumentation Widmaiers an und legte den Fall dem Bundesverfassungsgericht vor. Dort, beim zweiten Senat des Gerichts, liegt die Frage seitdem und harrt ihrer Beantwortung, die auch dadurch nicht vorangetrieben wird, daß der Generalbundesanwalt schon mal einen drängenden Brief schreibt; auch Briefe ändern nichts daran, daß der Senat erst über den Paragraphen 218 entscheiden muß und über die Maastrichter Verträge und die Einsätze deutscher Soldaten...

Das alles wird dauern, weshalb auch der Düsseldorfer Prozeß ziemlich lange dauern wird, schon weil Rechtsanwalt Schwenn jedes Interesse daran haben muß, den Wolf-Prozeß bis zu einer Entscheidung aus Karlsruhe hinauszuzögern, die theoretisch die ganze Verhandlung von einem Tag auf den anderen beenden würde. Damit die Zeit trotzdem nicht lang wird, wird es in Düsseldorf jede Menge spannender Personen und spannender Rechtsfragen zu bestaunen geben. Zeugen wie Günter Wallraff werden womöglich auftreten und der Öffentlichkeit erklären müssen, ob sie wußten, daß sie sich ihr Material gegen bundesdeutsche Altnazis von den Agenten des Markus Wolf haben geben lassen. Und die Frage wird diskutiert werden, welchen Schaden eigentlich die DDR-Agenten angerichtet haben, da es ihnen doch so offensichtlich nicht gelungen ist, sich als Schild und Schwert jener Partei zu bewähren, die so kläglich zu Staub zerfallen ist.

☆

Was den Schaden für die Bundesrepublik angeht, so ist die Bundesanwaltschaft sowieso in jener Argumentationsnot, in der sich schon immer alle befinden, die das Spionieren so ungeheuer wichtig nehmen wie das Bekämpfen der

Spione. Entsprechend unlogisch muß sie auch argumentieren. Folgt man der Anklageschrift, dann liegt der durch Wolf entstandene Schaden einerseits darin, daß die HVA der herrschenden SED-Clique jahrzehntelang (manipulierte) Beweise geliefert hat für die Aggressionslust des Westens, der man nur mit entsprechender Hochrüstung begegnen könne; allerdings war es ja die DDR, die sich im Kampf gegen dieses Phantom zu Tode gerüstet hat. Und im übrigen wird an anderer Stelle wieder beklagt, die von Guillaume ausspionierten Dokumente seien "geeignet gewesen, die Abschreckungskraft der NATO zu mindern".

Da wüßte man schon gern, was denn nach Meinung der Bundesanwaltschaft ein DDR-Spion überhaupt hätte melden sollen - zumal wenn es ohnehin gar nicht mehr genug Geheimnisse gibt in einer Welt aus tausend Fernsehkanälen. Daß Herr Wolf sehr viel Neues erfahren hätte, als ihm mit Hilfe seiner besten bundesdeutschen Quellen "die politische Entwicklung in Sri Lanka" vertraulich mitgeteilt wurde oder der Jahresplan eines Friedrich-Ebert-Repräsentanten in Costa Rica, darf man jedenfalls durchaus bezweifeln. Unter anderem wird der Düsseldorfer Prozeß deshalb vielleicht auch dazu taugen, den Mythos des weltberühmtem Profis Markus Wolf zu entzaubern; womöglich wird am Ende nicht sehr viel mehr übrig bleiben von ihm als das Bild eines intelligenten, besessenen und manchmal bösartigen Kindskopfs, der geglaubt hat, man könne eine "gegnerische" Gesellschaft kaputtkriegen, wenn man ein paar Skizzen des Heinrich Lübke fälscht, damit der *Stern* sie nachdruckt und so den Bundespräsidenten als KZ-Architekten diffamiert. Noch heute, im 71. Lebensjahr - schreibt der *Spiegel* -, huscht "so ein Lächeln" über Wolfs Gesicht, wenn von seiner Abteilung X die Rede ist, die für "Desinformation" zuständig war, in Wahrheit aber ordinären Rufmord betrieben hat (den sich M. Wolf am Dienstag übrigens ausdrücklich verbittet; da geht es ja auch um seine Ehre).

☆

Wahr ist freilich, daß auch ein gewisses Lächeln nicht strafbar ist, so wenig, wie es die meisten widerlichen Methoden der Bespitzelung und Kujonierung politisch Andersdenkender in der DDR sind, mit denen Wolf offenbar doch sehr viel mehr zu tun hatte, als er heute wahrhaben will. Auch weil juristisch das meiste davon nicht zu fassen ist, es zudem nicht möglich ist, Markus Wolf eine Beteiligung bei der Hinrichtung abgefallener DDR-Agenten nachzuweisen - auch deshalb wird der Prozeß gegen den Generaloberst a. D. ziemlich kompliziert werden. Wie er ausgehen wird, ist höchstens aus dem Umstand vorherzusagen, daß neuerdings die Urteile gegen führende HVA-Offiziere sogar in München sehr viel milder ausfallen, als dieselben Gerichte noch ein paar Monate zuvor gesprochen hatten. Gunter Widmaier entnimmt solchen Entscheidungen eine Tendenz, der das Verfassungsgericht sich anschließen werde: danach würde eine Bestrafung von DDR-Spionen nicht grundsätzlich unmöglich gemacht, allerdings würde die Substanz des Strafanspruchs durch "die Fülle von Bedenken so erschüttert" (Widmaier), daß nur noch Strafen eher symbolischen Charakters zustande kämen.

Für den Fall freilich, daß der oberste Agentenführer Wolf mit einer Bewährungsstrafe davonkäme, läßt sich schwer vorstellen, daß man künftig eine verführte Sekretärin für sechs Jahre ins Gefängnis schickt. Erstens, sagt dazu - etwas konspirativ - ein wichtiger Beteiligter des Verfahrens, "kriegen wir die noch alle". Und zweitens begänne dann die Amnestie-Debatte wieder mit voller Wucht.

Neuerdings zeigt sich, daß auch diese Prognosen schon wieder auf Sand gebaut sind. Der Bundesgerichtshof besteht auf der ganzen Strenge der bundesrepublikanischen Gesetze.

III. An der Wertstoff-Börse

Dirty Dancing am Karfreitag

Ein Diskussionsbeitrag aus dem Jahre 1991, der inzwischen in manchen Passagen schon fast wieder idyllisch wirkt. Es ist alles noch ein Stück schlimmer geworden. (Zum besseren Verständnis einiger Sätze muß man sich vielleicht daran erinnern, daß damals gerade in den Zeitungen endlos über die Frage diskutiert wurde, ob und wie sich Thomas Gottschalk nackt im Fernsehen präsentieren würde.)

Gut, daß es wenigstens noch ein paar kulturelle Unterschiede gibt. Gäbe es sie nicht, dann wäre, beispielsweise, der deutsche Fernsehzuschauer in der zweiten Aprilwoche dieses Jahres auf RTL plus angewiesen gewesen, dessen wichtigstes Anliegen es in diesen Tagen war, die deutsche Öffentlichkeit mit Herrn Gottschalks Blöße zu erschrecken. Oder man hätte miterleben müssen, wie sich der Konkurrent SAT 1 dieser Herausforderung entgegenstemmte: Der Film zum Gegenangriff hieß "Erben des Fluchs" und handelte davon, daß "der Wissenschaftler Dr. Voss Prostituierte entführt, um mit ihnen sadistische Experimente durchzuführen", insofern er ihnen nämlich "Hirnflüssigkeit entnimmt, um diese seiner todkranken Tochter..."

Höhepunkte deutschen Fernsehschaffens, gewiß. Aber Gott sei Dank haben wir ja die ARD, die ARD ist wenigstens seriös. In der ARD also hat am Sonntagabend der besagten Woche der Chefredakteur des Bayerischen Fernsehens den Besuch des Bundeskanzlers in der Stadt Erfurt kommentiert, hat mit beredten Worten darauf hingewiesen, wie freundlich diese "Kraftnatur" dort aufgenommen worden sei. Und wer nicht zufällig selbst dabei gewesen war in Erfurt, der mochte das sogar für eine korrekte Auskunft halten.

☆

Anders gesagt: Das Folgende ist kein Plädoyer gegen das private Fernsehen, aus verschiedenen Gründen nicht. Einer davon ist, daß es eher lächerlich wirkt, in der Pose des Gesellschaftskritikers längst geschlagene Schlachten ein weiteres Mal austragen zu wollen, wo doch die Generäle der feindlichen Heere, wenn sie nicht um den Preis für Fußballspiele feilschen, munter miteinander Geschäfte machen; und außerdem wüßte man gar nicht so recht, für wen man auf die Barrikaden steigen sollte. Etwa für das real existierende öffentlich-rechtliche Fernsehen? Das gehört in wichtigen Teilen inzwischen den Parteien, den Parteien gehört unser Vertrauen nur begrenzt, und im übrigen wird Herr Mertes, CSU, noch manchen Kommentar versenden, bis er vielleicht die Position von Herrn Feller, CSU, bekommt. An solchen Tagen aber, die es bekanntlich auch in anderen Sendern zugunsten anderer Staatsparteien regelmäßig gibt, werden wir noch dankbar sein für einen Horrorfilm, von dem wir wenigstens wissen, daß er nicht ernst gemeint ist.

☆

Dies vorauszusetzen kann nun freilich nicht heißen, die Diskussion ganz einzustellen über den Zustand der deutschen Fernsehkultur und darüber, was dazu die privaten Anbieter beigetragen haben. Im Augenblick sieht es ja so aus, als fände eine solche Diskussion kaum noch statt, und das ist immerhin bemerkenswert, wenn man die Vorgeschichte bedenkt.

Wahrscheinlich hat es noch nie in der Geschichte dieser Republik ein so grotekes Mißverhältnis gegeben zwischen dem intellektuellen Aufwand zur Vorbereitung einer Entscheidung und dem, was schließlich daraus geworden ist. Sozusagen nur zum Spaß müßte sich jemand wieder einmal die Mühe machen, die Tonnen geduldigen Papiers zu studieren, die in dieser Angelegenheit in den siebziger Jahren bedruckt worden sind nach endlosen Debatten von Kabelprojektkommissionen, Verfassungsrichtern, von medienpolitischen Gewerkschafts-, Unternehmens- und Kirchengremien. Noch einmal müßte man all die Hoffnungen Revue passieren lassen auf "Stärkung der personalen Kommunikation", auf "echte Pluralität" (deren Garantie man nicht allein dem Markt überlassen dürfe), auf nie dagewesene zwischenmenschliche Kontakte mit Hilfe der sogenannten "Nahraumkommunikation". Und war nicht geradezu abgemacht, daß die künftige Massenkommunikation das Leben "menschenwürdig und menschengemäß" machen würde, wie das die publizistische Kommission der Deutschen Bischofskonferenz im Jahre 1979 so hoffnungsfroh formuliert hat?

Das alles also müßte man noch einmal lesen - und dann müßte man die Visionen vergleichen mit einem ganz gewöhnlichen Samstagabend bei RTL plus, dem derzeit erfolgreichsten Privatsender: Mit "Liebesgrüßen aus der Lederhose" zum Beispiel, mit "Alles Nichts Oder?!" (wo sie immer so menschengemäß mit Torten schmeißen), mit dem Spätfilm "Fans, Fans, Fans - runter mit den Pants". Vielleicht ist der Gedanke ja sadistisch: Aber ein einziges Mal wäre man schon gerne dabei, wenn an einem solchen Abend eine dieser medienpolitisch engagierten Persönlichkeiten ihre halbwüchsigen Kinder dabei überrascht, wie die gerade den "Blutjungen Verführerinnen" bei der pausenlosen Kopulation zusehen. Nur kommt es ohnehin nur selten zu dieser Art familiären Nahraumkommunikation: Im Zweifel müssen die einschlägigen Damen und Herren Eltern Samstagabends ein paar Sitzungen für die nächste Woche vorbereiten.

☆

Im übrigen sind solche Bemerkungen natürlich höchst ungerecht und treffen bei weitem nicht das ganze Spektrum der Privaten. RTL ist mehr als "Tutti Frutti", genauso wie ja auch das ZDF mehr ist als seine jüngste Seifenoper "Insel der Träume", deren Schwachsinnsgehalt jeden Vergleich aushält mit dem RTL-eigenen "Hotel am Wörthersee". Auch ist es nicht wahr, daß SAT 1 nur noch Tennismatches aus merkwürdigen amerikanischen Kleinstädten überträgt sowie jeden einzelnen Schrottfilm, den Leo Kirch im Laufe seines Lebens für den Gegenwert eines Apfels und eines Hühnereis erstanden hat. Geben wir also (gestützt auf sorgfältige Recherchen, was sonst) der Wahrheit die Ehre und konstatieren, daß die Privaten inzwischen auch ein paar Fortschritte erzielt und für ein paar schöne Überraschungen gesorgt haben.

Unbestreitbar ist zum Beispiel, daß die beiden großen Privatsender langsam dabei sind, die Erwartungen des Verfassungsgerichts wenigstens in einigen Aspekten zu erfüllen: Sie machen, ohne großen Aufwand, im ganzen ordentliche Nachrichtensendungen, bedienen sich dafür geschickt der auf dem Weltmarkt angebotenen Bilder, schauen bei der Nachrichtenauswahl nicht auf die Stoppuhr, um die Stellungnahmen der Parteien proporzmäßig unterzubringen; daß sie nicht über das große und insgesamt hochqualifizierte Korrespondentennetz von ARD und ZDF verfügen, liegt auf der, Hand, aber dafür sind sie - siehe Golfkrieg - manchmal flexibler als die etablierte Konkurrenz.

Dazu, wie gesagt, ein paar wirkliche Highlights: eine so freche und doch gescheite Sendung wie "Explosiv" von RTL ist zur Zeit bei den Öffentlich-rechtlichen nicht im Programm; um einen Moderator wie Erich Böhme von "Talk im Turm" bei SAT 1 wäre jeder Konkurrent froh; die Features von "Spiegel-TV" haben zumindest in den Wochen rund um den Fall der Mauer ebenso Fernsehgeschichte gemacht wie Marcel Ophüls' Dokumentation "Novembertage", die RTL mitproduziert hat. Hin und wieder, das zeigen solche Beispiele, lohnt es sich doch sehr, wenn man - außer über ein interessantes Konzept - auch über mobile, ehrgeizige Kameraleute verfügt, die nicht zwischen 12 und 2 Mittagspause machen müssen.

Wahr ist freilich auch, daß "Spiegel-TV" dem Sender RTL genauso erst aufgezwungen werden mußte wie ("10 vor 11") die Kultursendungen von Alexander Kluges DCTP, bei deren bloßer Erwähnung im Gespräch es den RTL-Programmdirektor Thoma schon schüttelt: Kluges intelligente Filme haben bescheidene Einschaltquoten, da taugen sie höchstens als Alibi.

☆

Man soll also nicht alles allein dem Markt überlassen? Wir befinden uns aber im Markt, definitiv. Natürlich ist diese Bemerkung nicht als Vorwurf gedacht, an wen denn auch; man muß sich die Tatsache nur ins Gedächtnis rufen, um sich gebührend über die "damals" gehätschelten Illusionen wundern zu können. Die Basis für den Geschäftserfolg eines Senders aber sind Image und Einschaltquoten, wobei das eine eng mit dem anderen zusammenhängt: Je mehr über ein Programm gequasselt wird, desto mehr Menschen hängen dann vor dem Bildschirm - und desto besser läßt sich die Werbung verkaufen.

Image? Image bringt, wenn Kulenkampff im RTL über Bücher redet (Kulenkampff ist gut, Bücher sind gut, wie gut müssen erst Bücher mit Kulenkampff sein - weshalb die Sendung jetzt auch abgesetzt wird). Image bringt, wenn demnächst bei SAT 1 die Lyrikerin Ulla Hahn und der Klavierspieler Justus Frantz politische Kommentare sprechen. Image bringt vor allem, wenn die Zeitungen etwas zu schreiben haben über einen Sender: Da ist es dann auch ganz egal, ob man einmal durch eine kleine Blasphemie bei Frau von Sinnen auffällt oder durch die Ankündigung eines Bibelquizes im gleichen Sender oder durch die Debatte um die Frage, wieviel Prozent seines Astralleibes ein beliebter Moderator wohl vor laufenden Kameras entblößt. Letztere PR-Kampagne, die einen Teil der deutschen Öffentlichkeit mehrere Wochen lang ernsthaft beschäftigt und mehr als fünf Millionen dann überwiegend enttäuschte Zuschauer vor die Bildschirme getrieben hat, wird von Fachleuten genial genannt. Es könnten einem aber auch andere Adjektive dazu einfallen.

☆

Manchmal müssen für das Image kleinere Opfer gebracht werden, man erfährt nur selten davon. Irgendwann im vergangenen Herbst, als der seriöse, mit Recht renommierte Journalist Dieter Kronzucker seinen Moderatorenvertrag mit dem imagemäßig unterbelichteten SAT 1 unterschrieben hatte, wurde ihm von den Betreibern des Senders nahegelegt, er möge sich jetzt aber ein bißchen der Presse öffnen. Zu diesem Zweck wurde dann ein Mittagessen mit dem Chefredakteur der *Bild*-Zeitung arrangiert, bei dem es - erzählt K. - zwei Stunden lang um berufliche Fragen ging, bis dann ("Sie reden mit *Bild*", erinnerte ihn der Chefredakteur) die Tatsache angesprochen wurde, daß gerade Kronzuckers Ehe auseinandergehe. Ein paar Tage später wäre K. vor Schreck beinahe aus dem Bett gefallen: "Kronzuckers Lebensbeichte" hieß die Schlagzeile von *Bild*, und in dem Bericht stand der vom Chefredakteur frei erfundene Satz: "Der Kelch meiner Liebe war leer."

Man könnte nun fragen, ob uns das etwas angehen muß, wenn einer so unsanft merkt, wie andere mit seinem guten Namen Geld machen? Es geht uns nur insofern etwas an, als bei diesen Gelegenheiten auch mit unser aller niederen Instinkten Geld gemacht werden soll. Und nur insofern, als das ein wenig das Prinzip der ganzen neuen Fernsehkultur zu sein scheint.

☆

Es wirkt natürlich leicht komisch, mit dem ausgestreckten Zeigefinger auf Leute loszugehen, die gewerbsmäßig Pornofilme zeigen: Um da ernst genommen zu werden, müßte man schon nachweisen können, daß man sein ganzes Leben lang vor jedem Stripteaselokal angeekelt davongelaufen ist. Ohnehin ist zweifellos richtig, daß die Stützen dieser Gesellschaft, wenn sie über Moral gesprochen haben, jahrhundertelang lächerlich fixiert waren auf die Gefährlichkeit des menschlichen Unterleibs. Andererseits könnte es ja sein, daß wir uns nicht ohne jeden Grund auf gewisse Konventionen verständigt haben, daß diese Konventionen nicht grundlos ihren Niederschlag in gültigen Gesetzen gefunden haben - und daß zumindest darüber diskutiert werden müßte, wenn die nun plötzlich nicht mehr gelten sollen.

Eines dieser Gesetze beispielsweise ist das "zum Schutze der Jugend in der Öffentlichkeit", das unter anderem peinlich darauf achtet, welche Filme die Jugend sittlich verwahrlosen und welche man deshalb nicht freigeben darf für Menschen unter 16 oder unter 18 Jahren. Das Gesetz gilt noch, dem Gesetz wird immer wieder Geltung verschafft, zum Beispiel indem hin und wieder eine kämpfende Einheit von Staatsanwälten und Polizisten ein unsittliches Kino samt 30 Zuschauern zu stürmen gezwungen wird. Gleichzeitig findet sich die Gesellschaft damit ab, daß jeden Samstag all die ordinären und hochgradig dämlichen Filme über den Bildschirm flimmern, die vor 20 Jahren, als sie entstanden, meist in den Schmuddelkinos in der Nähe des Bahnhofs zu sehen waren.

Den Ansprüchen des Jugendschutzes aber wird dadurch Genüge getan, daß die Machwerke erst nach 23 Uhr gesendet werden: Man weiß ja, daß den Halbwüchsigen, die sich das anschauen, solange ihre Eltern auf einer Party unterwegs sind, um 23 Uhr automatisch die Augenlider zufallen, so wie das Gesetz es befiehlt.

☆

Merkwürdigerweise gibt es über all das so gut wie keine Debatte. Wenn in Zeitungen über den erstaunlichen Erfolg von RTL plus berichtet wird (zum Beispiel - per Umfrage im *Wiener* - über die Tatsache, daß vier Prozent der Zuschauer bei Tutti Frutti schon onaniert haben), ergreift in der Regel in einem Begleitinterview der Programmdirektor Helmut Thoma das Wort; ein brillanter Zyniker, der darauf verweist, daß in den Filmen der konkurrierenden Sender dafür viel gemeuchelt werde. Wenn umgekehrt die Kirchen, die damals die Entstehung des privaten Fernsehens so aufgeschlossen unterstützt haben, ein wenig protestieren, merkt man ihnen an, wie peinlich das für sie ist.

Oft ist man als Beobachter der Szene richtig in der Klemme: So wenig man sich schließlich die Zeiten zurückwünschen mag, in denen man mit brennenden Fackeln gegen "Die Sünderin", gegen Hildegard Knefs kurzfristig entblößte Brust protestieren mußte, so wenig brauchen wir vielleicht Kirchenleute, die - als Mitglieder des Programmbeirats von RTL - in einer Ad-hoc-Arbeitsgruppe "Filme erotischen Inhalts mit hohem Niveau" fordern. Irgendwie, denkt man manchmal, sind Pfarrer dafür nicht angestellt.

Sowieso lachen sich die Geschäftsleute nur ins verschwitzte Fäustchen über die vereinzelten Einwände aus der Abteilung Sitte und Moral. Manchmal, beispielsweise, schreibt Monsignore Düsterfeld von der Medienzentralstelle der Deutschen Bischofskonferenz traurige oder erbitterte Briefe an Verantwortliche des Senders RTL, in dessen Programmbeirat er noch immer sitzt. Geht ein solcher Brief an Hubert Burda, einen Mitgesellschafter des Senders, dann erhält er nicht einmal eine Antwort. Geht er an Gaston Thorn, den Aufsichtsratsvorsitzenden, dann kommt mit halbjähriger Verspätung eine Antwort, aus der er erfährt, "daß durch die erotischen Programme die Menschenwürde der Frau in keiner Weise mißachtet wird", was schon daraus deutlich werde, daß "unsere Ehefrauen zum größten Teil Journalistinnen sind..."

Ob der bedeutende Ex-Politiker Thorn bei dieser Auskunft mehr an den Film "Das Stundenhotel von St. Pauli" gedacht hat oder an "Hurra - die Deutsche Sexpartei", ist nicht bekannt. Bekannt ist aber, daß - vermutlich unter dem Eindruck all dieser Proteste - der Sender sich inzwischen entschlossen hat, die demnächst zu sendende hauseigene Erotikserie "Pompom rouge" mit etwas deftigeren Szenen anzureichern. Im übrigen sollen sich die Kirchen nicht so haben, vielleicht kann man es ja so einrichten, daß beim Bibelquiz zwei Mannschaften aus Nonnen und Freudenmädchen gegeneinander antreten und die Frommen gewinnen.

Wahrscheinlich ist der Beobachter der Szene sowieso gut beraten, wenn er sich mit einer größeren Portion Sarkasmus wappnet, in jeder Hinsicht. Man braucht den, wenn sich herausstellt, daß plötzlich die alten Spielregeln immer weniger gelten. Da ist beispielsweise auch die Tatsache, daß es im zeitgenössischen deutschen Fernsehen immer mühsamer wird herauszufinden, wo das Programm aufhört und wo die Werbung beginnt. Weil das fast im gleichen Maß für die Öffentlich-rechtlichen wie für die privaten Sender gilt, ist inzwischen schwer zu sagen, wo die Vermischung penetranter wirkt: Bei der ARD, wo die Gebührenzahler raten müssen, ob ihnen ein Wein wegen seiner Qualität empfohlen wird oder weil das Weingut zu den Produktionskosten der einschlägigen Serie beigetragen hat? Oder doch bei SAT 1, wo gar nichts zu raten ist, weil die Reisesendung "Auf und davon", in der die schönsten Urlaubsziele vorgestellt werden, praktischerweise gleich vom Chef eines großen Reiseunternehmens moderiert wird?

Auch auf diesem Gebiet belebt die Konkurrenz das Geschäft - und läßt alle Dämme brechen, diesmal jene, die jahrzehntelang aufgebaut worden sind von Werbewirtschaft, Verlegern und Gerichten: Es findet nun einfach keiner mehr etwas dabei, wenn die gleiche Moderatorin, die eben noch im Frühstücksfernsehen völlig unbestechlich die Weltläufte erklärt hat, danach im "Teleshopping" den Frauen einen Gürtel empfiehlt, nach dessen Kauf sie schlagartig schlank werden.

☆

Alles ist erlaubt, alles ist egal, und wenn sich ein Kontrollorgan beschwert, dann wird in die berüchtigte RTL-Show "Der Preis ist heiß" eben ein zusätzliches Mal der Hinweis "Werbung" eingeblendet, den ohnehin keiner wahrnimmt: Sollte das wirklich etwas an der Freude eines Spielkandidaten darüber ändern, wenn er den Preis des Kaschmirpullovers richtig erraten hat, für den sein Monatseinkommen als Rentner nie ausreichen würde?

Sowieso kann ja wohl niemand so gemein sein, den Leuten die Freude an ihren "Gameshows" nehmen zu wollen. Schließlich haben wir es hier mit einer Errungenschaft zu tun: Seitdem es die Privaten gibt, kann der deutsche Mensch, wenn er nur will, endgültig den ganzen Tag mit "Bingo", "Glücksrad" oder "Ruck-Zuck" verbringen, auf daß er - ganz Deutschland ein einziger Kindergarten - keine Sekunde mehr gezwungen ist, sich mit dem bißchen wirklichen Leben um ihn herum zu beschäftigen. (Nicht ohne Grund ist RTL in der ehemaligen DDR der beliebteste Sender.)

Es kommt hinzu, daß bei diesen Spielchen immer wieder

neue Zuschauer ein Bügeleisen gewinnen können und also einbezogen werden, fast so wie es damals die Kabelkommissionen gefordert haben. Sollte sich bei der nächsten Volkszählung wider Erwarten herausstellen, daß noch nicht jeder Deutsche wenigstens einmal im Fernsehen vorgekommen ist, dann wird "Stadt, Land, Fluß" zwangsweise auch ins Nachtprogramm des ZDF übernommen. (Mit ein bißchen Übung als Fernbediener läßt sich nebenbei noch bei RTL "Das verrückte Freudenhaus" verfolgen.)

☆

Es ergänzt sich eben alles aufs Wunderbarste: Unser aller panische Angst, uns fünf Minuten mit uns selbst zu beschäftigen oder gar zu langweilen, korrespondiert mit der panischen Angst der Programmacher, die Leute könnten allzulange ihren Kanal verlassen. Dabei braucht in Wahrheit kein Betreiber eines Fernsehsenders Angst zu haben; wir alle werden schon dafür sorgen, daß er Erfolg hat.

Der Karfreitag des Jahres 1991 war so gesehen ein historischer Tag. Der Karfreitag, es wird sich kaum noch jemand erinnern, war früher jener hohe kirchliche Feiertag, an dem die Kinos ihr normales Programm durch feierliche Filme ersetzen mußten. Am Karfreitag 1991 hat der Sender RTL, obwohl er noch gar nicht überall gesehen werden kann, zum erstenmal alle anderen in der Sehbeteiligung überholt. Es gab einen James-Bond-Film und anschließend die amerikanische Jugendschnulze "Dirty Dancing", bei der es auf der Tanzfläche nur beinahe zum Äußersten kam; es war schließlich Karfreitag.

Ich hab auch mal kurz reingeschaut.

Ein paar freundliche Bemerkungen, die in diesem Beitrag gemacht wurden, stehen inzwischen etwas merkwürdig in der Landschaft. Die gelobte Sendung "Explosiv" tritt mittlerweile damit hervor, daß sie ihren Sehern den unheimlichen Aids-Beißer präsentiert.

Dum-Dum-Geschosse aus der Schreibmaschine

Der Aufsatz erschien Pfingsten 1992 aus gegebenen Anlässen. Leider wären jede Woche neue Anlässe gegeben.

Zu den besten Errungenschaften einer Zivilisation gehört der Schutz der Menschenwürde. Wir dürfen da auch wirklich stolz sein. Hat nicht erst kürzlich in München der Bundesrichter Steffen vor einem Kreis aus Juristen und Journalisten voller Genugtuung auf die "Entwicklung des Persönlichkeitsrechts" durch den Bundesgerichtshof hingewiesen, der da in Jahrzehnten "Bastionen" errichtet habe? Und haben wir nicht selbst all die Jahre über bewundert, wie etwa die bayerische Justiz die Ehre des früheren Ministerpräsidenten Strauß durch jede verfügbare Instanz vor den klitzekleinsten Majestätsbeleidigungen geschützt hat? Aber während wir alle diese prächtigen und manchmal auch absurden Entwicklungen noch bestaunt haben (und die Jurastudenten in ihren Kommentaren nachlasen, daß das Duzen eines anderen Verkehrsteilnehmers als Beleidigung geahndet werden könne), da hatte sich der Wind schon drastisch gedreht: Alles spricht dafür, daß sich die Öffentlichkeit in der Realität mit dem Verbrechen des Rufmords und verwandten Delikten abzufinden beginnt (was sie nicht daran hindert, ein paar Majestätsbeleidigungen weiter zu verfolgen).

Es ist wie bei anderen Tötungsdelikten, wenn die Unmasse der Taten und die Hoffnungslosigkeit, ihrer Herr zu werden, eine Gesellschaft langsam abstumpfen läßt. Eine übertriebene Diagnose, ein allzu gewagter Vergleich? Es könnte auch sein, daß wir inzwischen das Wegschauen gelernt haben, wenn die Dum-Dum-Geschosse aus den Schreibmaschinen und Fernsehkanälen einschlagen bei ihren Opfern; und daß es sich lohnen würde, über die Gründe und Konsequenzen dieses Zustandes genauer nachzudenken.

Nur insofern ist übrigens die sogenannte Skandalpresse in diesem Zusammenhang noch interessant, deren Beschimpfung nachgerade langweilig geworden ist (und für einen Journalisten sowieso problematisch, wenn er nicht den Ehrgeiz hat, sich als Moralapostel der Branche aufzuspielen). Stellen wir also nur sachlich fest, daß in den letzten zehn Jahren der Umgang mit Ruf und Integrität des Menschen in bestimmten Medien nicht nur in Deutschland noch einmal eine ganz erstaunliche Wendung ins Katastrophale genommen hat - und daß dagegen offenbar alle medieneigenen Kontrollmechanismen zu versagen scheinen.

Wer das nicht wahrhaben will, nehme sich den "Verhaltenskodex" zur Hand, den sich der deutsche Presserat gegeben hat, vergleiche ihn mit einem Extrakt aus beliebigen vier Wochen *Bunte* oder *Super* oder *Bild* - und suche künftig nicht weiter, wenn er ein Beispiel braucht für Zynismus und Heuchelei: Hat es denn irgend etwas zu bedeuten, wenn in Ziffer 8 jenes Kodex (Fassung von 1990) festgehalten ist, daß die Presse "das Privatleben und die Intimsphäre des Menschen achtet", was sich zum Beispiel - Richtlinie 8.3 - dadurch zeigt, daß "körperliche oder psychische Erkrankungen in die Geheimsphäre des Betroffenen fallen"? Es hat in der Praxis zu bedeuten, daß sich die Publizisten der großen Illustrierten aus München ans Krankenbett der berühmten Schauspielerin S. versetzen, um ihr und uns ausführlich zu erklären, warum ihr Selbstmordversuch ganz logisch war; es hat zu bedeuten, daß die Depression eines alternden Mannequins so lange beschrieben wird, bis sich die Depression auch wirklich festgefressen hat. Und natürlich wird der ehemalige Fußballspieler, der seine Lebenskrise mit Alkohol bekämpft, so lange, inklusive Interviews mit Frau und Tochter, durch die Schlagzeilen gejagt, bis aus dem verzweifelten Mann auch die letzte denkbare Auflagensteigerung herausgequetscht ist. Anschließend versammeln sich die Verleger auch dieser Zeitungen wieder auf ihrer Jahrestagung und hören einen Festvortrag über die Verantwortung der freien Presse.

☆

Übrigens sind die Sitten schon viel zu verdorben, ist das Publikum an die scharfen Geschichten viel zu sehr gewöhnt, als daß man da noch große Hoffnung haben dürfte. Welcher Verbraucher würde denn jetzt noch am stummen Verkäufer zu einer Schlagzeile über, sagen wir: die Pflegeversicherung greifen, wenn er doch das qualvolle Sterben des Karl-Heinz Köpcke geboten bekommen kann, in allen Details? Wenn die Medien "ein Geschäft sind, sonst nichts" (Gaston Thorn, Präsident beim Hauptgesellschafter von RTL plus), dann hat das eben Konsequenzen für die Strategien der Umsatzsteigerung: Weder darf der Journalist dann beim Umgang mit der Wahrheit übermäßig zimperlich sein - und muß also vielleicht wirklich, wie das vor einigen Wochen in München gelang, zusammenphantasieren, daß ein gewisser Filmproduzent für seine Geliebte haargenau 37 443 Mark monatlich ausgegeben hat; noch darf er sich die Frage stellen, was ihn eigentlich die Falten der Sängerin R. angehen und ob sie dieselben schönheitschirurgisch hat behandeln lassen.

Es ist nun einmal so, daß sich die Leute gerne am Privatesten anderer Menschen delektieren, besonders an ihrem Unglück oder gar einer möglichen Verfehlung, genauso wie sie sich gerne nach schweren Massakern an der Autobahn aufstellen und den Menschen mit den abgerissenen Beinen beim Sterben zusehen. (Man soll die Leser nicht bevormunden, sagen manche Zeitungsmacher gerne bei öffentlichen Diskussionen über ihr Gewerbe. Dann fragt man sich, warum niemand an den günstigsten Stellen der Autobahn gegen ein geringes Entgelt die gemeinsame Besichtigung besonders grausiger Unfälle arrangiert. Kommt wohl erst noch, schon bewerben sich amerikanische Sender um die Live-Übertragungsrechte bei Hinrichtungen.)

Das Schlimme ist nun aber, daß sich diese Geisteshaltung inzwischen in ungefähr allen Bereichen der Gesellschaft auszubreiten beginnt, daß der Kurswert der Aktie Ehre täglich niedriger gehandelt wird, genau wie jener des Wertpapiers Integrität - und daß das keineswegs nur für den sogenannten unseriösen Journalismus gilt. Auch der seriöse Journalismus, wie er etwa - von unzähligen Rundfunkräten aus Staat, Verbänden und Kirchen kontrolliert -

in den öffentlich-rechtlichen Sendeanstalten organisiert
ist, liefert einige sehr schöne Beispiele.

☆

Nehmen wir einmal an, vier öffentlich-rechtliche Fernseh-
magazine hätten, alle ausgestattet mit dem gleichen Material, eine Firma G. aus Südhessen beschuldigt, an der
Lieferung von Raketenteilen für den Irak beteiligt gewesen
zu sein. NDR-Panorama hätte berichtet in diesem Sinne
und der HR, der WDR hätte es getan und auch das ZDF,
in dessen Studio 1 der Moderator von einem "Netzwerk
von Firmen" gesprochen hätte, das als "Basis für ... Waffen-
geschäfte und auch Terrorakte" dienen soll. Im Falle dieses
Studio 1 hätte es dann so ausgesehen: Erst gibt der ehemalige Verfassungsschutzpräsident Horchem bekannt, in gewissen deutschen Firmen ("illegale Residenturen") säßen
"keine Kaufleute, sondern Bedienstete des irakischen Ge-
heimdienstes"; und unmittelbar danach wird die Firma G.
ins Bild gerückt, mit voller Namensnennung.

Kann man sich vorstellen, wie das wirken muß, wenn
einer, der sich unschuldig fühlt, das Fernsehen anschaltet
und sich plötzlich, ohne je um eine Stellungnahme gefragt
worden zu sein, als Terroristenhelfer porträtiert sieht oder
als Agent? Kann man sich vorstellen, mit wieviel Angst
und Erbitterung so jemand versucht, seine Ehre wieder zu
bekommen, die ihm über Nacht gestohlen wurde? Die
Frage ist nur, ob er dazu überhaupt noch eine Chance hat
in unserer Art von zivilisierter Gesellschaft.

Tatsache ist, daß die vier erwähnten Anstalten ihre Ankla-
gen (die ja dringend nötig wären, wenn sie stimmten), auf
dürftigstes Material gestützt haben, so dürftig, daß es nie-
mals zu einer Anklage geschweige denn einem Urteil gegen die Firma G. gekommen ist, außer eben dem Urteil der
Anstalten. Tatsache ist weiter, daß die Firma G. in sämtli-
chen Verfahren gegen die Intendanten und Redakteure
recht bekommen hat; und Tatsache ist endlich, daß trotzdem kaum jemand daran zu denken scheint, die Ehre des
Opfers wiederherzustellen, das darauf schon deshalb
wohl keinen Anspruch hat, weil einer der Gesellschafter

der Firma Iraki ist. Die von den Gerichten vorgeschriebene Wiedergutmachung wird also wie folgt abgewickelt: Panorama verliest eine Gegendarstellung und gibt den Film trotzdem weiter an den Hessischen Rundfunk; der HR sendet, verliest die Gegendarstellung und kommentiert sie mit der witzigen Bemerkung, man glaube der Firma G. gerne, schließlich sei man "immer glücklich, wenn eine deutsche Firma nicht an den Irak geliefert hat". Das ZDF wiederum wird verurteilt zu Unterlassung und Schadensersatz, unterrichtet aber davon nicht die Öffentlichkeit.

Den Vogel schießt schließlich der WDR ab, der seine einschlägige Behauptung in einem ARD-Brennpunkt zur besten Sendezeit verbreitet hatte und sich durch gerichtlichen Vergleich verpflichtet hatte, die Stellungnahme der Firma G. zu verbreiten: Der brave Sender kam dieser Verpflichtung dadurch nach, daß er an einem Freitagvormittag um 8.57 Uhr vor Beginn des Programms - gesendet wurde gerade ein Standbild mit Uhr - die Erklärung des Opfers verlesen ließ, der ein paar Sendetechniker gewiß auch zugehört haben werden. Kann man es den Rechtsanwälten Scheele und Zielcke des Herrn G. übel nehmen, wenn sie in immer wütenderen Briefen und Schriftsätzen von einer Verhöhnung des Opfers schreiben und von einer Verhöhnung der Gerichte auch? (Ohnehin, schreibt ein Anwalt, "erzielt eine Gegendarstellung etwa den Effekt, den eine Fahrradklingel gegen einen Überschall-Flieger erreicht".)

☆

Es ist übrigens kein Wunder, daß es der Ex-Verfassungsgerichtspräsident Horchem war, der sich so gut benutzen ließ als Kronzeuge: Wer wirkt schon glaubwürdiger als ein pensionierter hoher Beamter, der in seinem reichen Erfahrungsschatz kramt? Erst kürzlich hat Horchems famoser Kollege Hellenbroich derart glaubwürdig gewirkt, daß tagelang die gesamte deutsche Presse von seiner Behauptung gelebt hat, im Bundestag sitze ein hochkarätiger Ost-Spion, was allerdings nur ein harmloser Rufmord war, weil Hellenbroich seinen Verdacht sozusagen mit der Schrotflinte auf diverse mögliche Kandidaten ("war mal

Minister") gestreut hatte, die dann von *Bild* in einer langen Porträt-Galerie einzeln vorgestellt wurden.

Wer einmal im Leben, eher zufällig, einen richtigen Akt des Verfassungsschutzes in Händen gehalten hat, wer darin nachliest, wie sich dort der Verfassungsschutzpräsident Z. aus München mit einer Person X. befaßt hat, die im Krieg und gleich danach finstere Dinge getrieben haben und jetzt mit jemandem ein Verhältnis haben soll, der weiß, wie das Gift, in amtliche kleine Phiolen abgepackt ("streng vertraulich"), unter die Leute gebracht wird. Nach Lektüre eines solchen Berichts, dessen einziges Gestaltungsprinzip die Unterstellung ist ("galt in seinen Kreisen als Schieber"), kann man sich ausrechnen, mit welcher Umlaufgeschwindigkeit die hochgestellten Leser des Papiers beim nächsten gesellschaftlichen Anlaß Gebrauch machen von den pikanten Details und was danach wird aus den Gerüchten des Präsidenten. Ein anderer Präsident, diesmal der Regierungspräsident von Stuttgart, hat übrigens den Steuerzahler 12,5 Millionen Schadenersatz gekostet, weil er dem Eiernudelhersteller Birkel in einer Presseverlautbarung fälschlich die Verwendung verdorbener Flüssigeier nachsagen mußte: Man wird sich doch mal irren dürfen.

An dieser Grundeinstellung droht dann auch die Auseinandersetzung mit der Stasi-Vergangenheit zu scheitern: Weil sie in einem Klima stattfindet, in dem der Rufmord als Kavaliersdelikt gilt. Nur weil das so ist, ziehen gegenwärtig sogenannte Bürgerrechtler durch das Bundesland Thüringen und gucken sich im Namen ihres Vereins ("Opfer des Stalinismus e.V.") gewisse Stasi-Spitzel unter ihren Nachbarn aus, die das manchmal wirklich waren, manchmal aber auch nicht; nur weil die Würde der Menschen so risikolos antastbar geworden ist, finden manche Boulevard-Zeitungen nichts dabei, mal den persönlichen Referenten Walter Mompers, dann wieder den Schriftsteller Wallraff ohne rechten Beweis an den Pranger zu stellen, weil das für eine Schlagzeile gut ist.

Natürlich ist es unfair, den Bundesbeauftragten Gauck in diesen Zusammenhang zu stellen, der schließlich besten

Willens und mit den besten Gründen versucht, das Unrecht von 40 Jahren zu erfassen. Aber unverkennbar ist, daß er es offenbar für nicht so tragisch hält, wenn bei dieser Hobelei ein paar Späne zu viel fliegen, wenn dabei auch ein paar womöglich unschuldigen Menschen die Ehre abgeschnitten wird. Immer wieder liefert das Amt mit Hilfe seiner Akten Blitzurteile oder erste vage Verdachtsmomente, die am nächsten Tag auf wundersame Weise in einer Zeitung stehen und wieder einen Tag später vom Bundesbeauftragten kommentiert werden, als hätte er mit alledem nichts zu tun. Wenn dann an einem Tag G. Gysi auf Grund kryptischer Akten-Vermerke, die Gauck anvertraut waren, im *Spiegel* als Spitzel verdächtigt wird, und Gaucks Sprecher eine Woche später sagt, noch sei Gysi "nicht entlastet", dann ist zumindest klar, daß da jemand ein paar Grundprinzipien des rechtsstaatlichen Zusammenlebens nicht begriffen hat. Und leider ist er damit nicht allein. "Wir haben", schreibt Bärbel Bohley, "Gerechtigkeit gesucht und den Rechtsstaat bekommen." Frau Bohley meint das als bitteren Vorwurf, weil sie offenbar nicht ahnt, wie froh sie und wir alle sein müßten, wenn wir einen halbwegs funktionierenden Rechtsstaat hätten (der Gott sei Dank durch seine Gerichte in Sachen Stasi-Akten inzwischen ein paar deutliche Worte gefunden hat).

☆

Aber, wie gesagt, so ist das Klima, ein Klima, in dem jemand, der für Vorsicht beim Umgang mit dem Ruf anderer Leute plädiert, schnell mal verdächtigt wird, er hätte im Zweifel seine Freunde gewiß selbst an die Stasi verraten. Es wird also nichts nützen, wenn nun wieder in diesem Artikel steht, daß dies kein Plädoyer für Leisetreterei ist und für freundlich-friedfertige Zeitungen, die niemandem weh tun. Kein Vernünftiger, und schon gar kein Journalist, der noch ein bißchen weiter arbeiten möchte, kann wollen, daß aus dem Land ein Mädchenpensionat wird (über dessen freundliche Umgangsformen man sich vermutlich ohnehin Illusionen macht).

Auch künftig wird man im übrigen nicht ohne Beleidigungen auskommen, man sollte es sich nicht einmal wünschen, wenn man nicht möchte, daß man eines Tages selbst erstickt an einem mühsam unterdrückten Wutanfall. Aber etwas anderes ist es eben, wenn die Fabrikation von Beleidigungen und Verleumdungen zu einem interessanten Marktsegment wird in der medialen Großindustrie, die allfällige Schmerzensgelder als Geschäftsunkosten abbucht und aus der Portokasse bezahlt.

Was wir brauchen ist der Meinungskampf, wie ihn das Bundesverfassungsgericht unter Schutz gestellt hat, ist die heftige Auseinandersetzung über Politik und Recht und die Verteilung der Lasten in einer Gesellschaft, die ängstlich auf ihren Privilegien hockt. Was wir vielleicht nicht so sehr brauchen, ist die rotzige Art, in der heutzutage über allen und jeden geredet und geschrieben wird - immer in der Hoffnung, jemanden zum Versager des Monats ernennen zu können oder zum dümmsten aller dummen Minister, der womöglich nachts sogar bedudelt Klavier spielt. Vermutlich ist man nur nicht locker genug, wenn man solche Dinge nicht übertrieben komisch findet. Vermutlich muß man es für eine großartige journalistische Leistung halten, wenn es einem Reporter des *Stern* gelingt, dem pressescheuen Bestsellerautoren S. so lange aufzulauern, bis er ein Photo von ihm veröffentlichen kann und seine Geheimadresse und eine Instant-Diagnose des Autors als Neurotiker - ein Vorwurf, der auch völlig berechtigt ist: Warum fürchtet der Mann sich auch nur so grundlos vor all den prächtigen Reportern?

☆

Unnütze Klagen, verlorene Schlachten. Die vom Recht - so Bundesrichter Steffen - "absolut geschützte Intimsphäre" gehört in Wahrheit ja endgültig den Fernsehanstalten, wo das Sexualleben von Prominenten bekanntgegeben wird, gehört den Häusern Burda und Springer und Heinrich Bauer, die damit auch sehr viel mehr anfangen können als der jeweils Betroffene. Es wäre schon wunderbar, wenn die Gerichte diese Betroffenen vor den gröbsten Verleumdungen und Unterstellungen schützen könnten und wenn die Gesellschaft einen Sinn dafür hätte, warum das nötig ist. Hat sie den?

Kommen wir dazu ein letztes Mal auf die Stasi-Debatte zurück. "Verbitterung macht sich breit", schrieb im Dezember letzten Jahres Korrespondent R. in der *FAZ*, "wo teure Anwälte für den guten Ruf der alten Ideologen streiten, Rektoren ... von ihrem Recht Gebrauch machen, die Gerichte zu bemühen, wann immer sie sich durch Fernsehen, Rundfunk oder Zeitungen peinlich erinnert fühlen an ihre Laufbahn im Sozialismus."

Einen solchen Satz muß man mehrmals durchkauen, um ihn so richtig schmecken zu können. Wären also billige Anwälte für Rektor Fink angemessener gewesen? Sollte man den Rechtsschutz für ehemalige Kommunisten für ein paar Jahre aussetzen, damit kein Beobachter verbittert sein muß?

Man sieht schon, es sind noch eine Menge Fragen offen.

Sie beantworten sich aber von selbst. Wenn es nun mal auf die Auflage ankommt, ist alles erlaubt. Zum Beispiel die nächtelange Belagerung von Wohnungen fremder Menschen, weil man hofft, die Freundin des Fernseh-Moderators herauskommen zu sehen.
Im übrigen hat uns das ZDF heftig kritisiert, weil wir unsere Kritik allein auf die Prozeßakten gestützt und nicht mit dem ZDF-Redakteur gesprochen hätten. Wir haben darauf hingewiesen, daß das ZDF nicht mit der Firma G. gesprochen hatte.

Man schlägt den Sack und trifft den Esel

Im September 1992 hatte sich ein Wort endgültig durch-
gesetzt, das man ein halbes Jahr vorher noch kaum
gekannt hatte: Politikverdrossenheit.
Aber war es wirklich das richtige Wort?
Zehn Anmerkungen zur neuen deutschen
Demokratieverdrossenheit.

Was ist das deutsche Parlament? Eine Versammlung von
berufslosen "Ignoranten", alle "vom Tode geküßt", vom
Tode durch "langweilige, geisttötende Sitzungen", in denen Ausführungen vorgebracht werden, die "lähmend
sind, umständlich, jeder Überraschung bar". Und weiter:
"Das Parlament ist ... öde, beschränkt, dünkelhaft und
spießbürgerlich mit ständig weiter sinkendem Niveau."

Ein interessanter Text, zweifellos, besonders eindringlich
durch die ständige Wiederholung des immer gleichen Ge-
dankens. Dieser Effekt könnte freilich auch mit der Tatsache zusammenhängen, daß der Text in Wahrheit eine
Collage ist und von zwei Autoren stammt, die seine Bestandteile im Abstand von 68 Jahren geschrieben haben.
Den ersten Teil hat Hans Magnus Enzensberger formuliert, als er kürzlich in einem fulminanten *FAZ*-Essay sein
"Erbarmen mit den Politikern" der Bundesrepublik artiku-
lierte, insofern er auch mit anderen "Randgruppen wie
Alkoholikern, Spielern und Skinheads analytisches" Mitleid habe. Den zweiten Teil hat Oswalt Spengler im Jahre
1924 zu Papier gebracht, als er mit dem Parlament der noch
jungen ersten Republik abrechnete. "So ist der deutsche
Parlamentarismus: Seit fünf Jahren kein Entschluß, kein
Gedanke, nicht einmal eine Haltung."

Historiker würden so etwas *Kontinuität* nennen, aber wir
wollen den Vergleich nicht überstrapazieren: Natürlich ist
Enzensberger nicht der neue Spengler, sowenig wie Sad-
dam Hussein der neue Hitler ist, was E. während des
Golfkriegs ein wenig überraschend behauptet hat. Das
Erbarmen des Groß-Schriftstellers (das sich die Politikerin
Antje Vollmer soeben überzeugend verbeten hat) soll uns

für diesmal nur in zweierlei Hinsicht beschäftigen: erstens weil man sicher sein darf, daß Enzensbergers brillanter Zynismus demnächst in tausend Aufgüssen weit weniger brillant nachempfunden werden wird; und zweitens, weil dieser Zynismus exemplarisch ist für eine Entwicklung, die langsam gefährlich zu werden droht.

1

Über ein paar Dinge müßte eigentlich Einverständnis zu erzielen sein. Zum Beispiel dürfte man nicht darüber streiten müssen, daß es *die* Politiker gar nicht gibt, so wenig wie *die* Wirtschaftsführer oder Schriftsteller, weil der intellektuelle Abstand von Weizsäcker zu Möllemann natürlich genauso gewaltig ist wie der von, sagen wir: Enzensberger zu Konsalik. Bis jetzt war ja auch die pauschale Beschimpfung des ganzen Berufsstandes der Politiker, außer der RAF ("Charaktermasken"), im wesentlichen den Stammtischen vorbehalten und deren Verlängerung in der *Bild*-Zeitung, in welcher die Leser in regelmäßigen Abständen die Ansicht vertreten, daß "die Politiker aus unserem Land einen Saustall machen" (Leser Keller, Bremen) respektive "in schönen Villen wohnen und selber keine Asylanten aufnehmen" (Leser Scheffel, Darmstadt). Wenn also neuerdings auch in der intellektuellen Diskussion nicht mehr der einzelne Minister oder Ausschußvorsitzende kritisiert wird, sondern ganz einfach alle, dann drängt sich irgendwann ein Verdacht auf, der uns wirklich beunruhigen müßte: Es könnte das System selbst gemeint sein, genauer gesagt die parlamentarische Demokratie.

2

Wahr ist, daß diese Demokratie oft, und besonders dieser Tage, keinen überwältigenden Eindruck macht: Endloses Gezerre um immer die gleichen Stichworte, die ein Mensch mit gewöhnlichen Nerven schon gar nicht mehr hören kann. Wahr ist weiter, daß das Niveau der Parlamentsdebatten seit Erler und Dehler mächtig nachgelassen hat, daß Abgeordnete mit der universellen Bildung eines Adolf Arndt oder Carlo Schmid heute kaum noch einen Platz auf der Landesliste bekämen, daß die Fraktionen von Regierung und Opposition momentan einen eher hilflosen Eindruck machen angesichts einer immer schwieriger werdenden Lage.

Wir stellen erstens an dieser Stelle also fest, daß die demokratischen Institutionen all die Probleme von der Armutswanderung bis zum Zusammenbruch ganzer Märkte im Osten immer weniger in den Griff bekommen. Und streifen zweitens schon mal kurz die Frage, wem das - und dazu die ganz gewöhnliche Alltagsarbeit - denn sonst gelingen soll: Sollen es, statt des Haushaltsausschusses, die Ministerialräte sein, die künftig über die Höhe der Einkommensteuer von Dichtern und Bauern entscheiden? Sollen die Experten (und von wem ausgesucht?) bestimmen, wie dick die Luft gerade noch sein darf, in der auch der heftigste Politik-Verächter noch zum Atmen kommt? Oder brauchen wir zur Entscheidung all dieser hochkomplizierten Fragen doch den strengen, allweisen Monarchen? Die Debatte darüber ist noch nicht eröffnet, aber das wird vielleicht noch kommen.

3

Nun haben wir es hier mit einem veritablen Paradox zu tun, für das Enzensberger gerade nicht typisch ist, der sich seit langem entschlossen hat, Politik nicht wichtig zu finden, weil "jeder Prokurist einer Stahlgroßhandlung mehr zu sagen hat als ein Politiker", oder weil es, wie er früher gesagt hat, "auf die Leute, die uns in der Tagesschau langweilen, gar nicht ankommt". Wenn wir von diesem Sonderfall absehen wollen, dann korrespondiert die allgemeine Wut auf die Politiker auf die merkwürdigste Weise mit immer noch steigenden Erwartungen an sie.

Wer muß, so verlangt es jeder zweite Appell, gegen die Bombenwerfer in Rostock ganz alleine das alles verändernde Zeichen setzen? Die Politiker! (Als gäbe es nicht das Volk.) Wer hat für den Erhalt der marodesten Stahlwerke zu kämpfen, ist aber gleichzeitig schuld an der Verschwendung der Steuer-Milliarden für eben diese Erhaltung? Längst sind das rhetorische Fragen. *Unsere Politiker versagen*, heißt der Refrain des Liedes, das in jeder

Talk-Show, von jeder einschlägigen *Bild*-Schlagzeile gesungen wird; und als Solosänger findet sich im Zweifel immer ein Professor wie Erwin K. Scheuch, der in heftiger Begeisterung für sich selbst auf dem sogenannten heißen Stuhl von RTL die originelle These vertritt, die Politiker seien "unfähig, unsere Probleme zu lösen". (Das weiß sowieso jeder, daß endlich mal unsere Professoren ran müßten, zum Beispiel jener Linguistik-Professor, der kürzlich, mit Hilfe von Steuergeldern, in einer langen Arbeit zur allgemeinen Überraschung herausgefunden hat, daß der Bundeskanzler als Redner manchen Wunsch offen lasse.)

4

Noch einmal: Es stimmt ja, daß die politische Klasse im Augenblick kein attraktives Bild bietet, das tut sie fast nirgends auf der Welt. Vielleicht relativiert sich dieses Bild aber, wenn man sich ein wenig umtut und überlegt, wie eigentlich der Rest der Gesellschaft reagiert auf die Herausforderungen des Jahrtausend-Endes. Ist der Eindruck falsch, daß auch sonst - bleiben wir nur in Deutschland - von den Kirchen bis zur Fußballbundesliga so ungefähr jede Institution in der Krise ist, auf die unser hoffnungssuchendes Auge fällt? Die Gewerkschaften? Mal großmäulig, mal zähneknirschend. Die Unternehmerverbände? Ständig am Jammern, aber immer über die anderen.

Überhaupt sind sich alle Gruppen der Gesellschaft darin einig, daß es so nicht weitergehen kann - wenn man davon absieht, daß bei den Apothekern, Bonner Beamten, Druckern alles so bleiben muß wie es ist. Ganz anders ist es dann wieder bei den Bürgerinitiativen, die jede für sich eine fürchterliche Torheit der Behörden und Politiker bekämpfen müssen, in der Hoffnung, daß die so verhinderte Mülldeponie in den übernächsten Landkreis kommt und die dortige Bürgerinitiative weniger gute Kontakte hat zu einflußreichen Journalisten.

5

Gibt es auch Ausnahmen in der allgemeinen Trostlosigkeit? Die gibt es - die deutschen Wirtschaftsführer sind großartig, weshalb sie auch von E. für ihr "langfristiges Denken" und für ihre "moralischen Kategorien" in einer Weise gepriesen worden sind, die sich sogar die Pressestellen der einschlägigen Verbände kaum noch trauen würden. Bei genauerem Hinsehen hat das Lob allein den Zweck, zur Herstellung von ein paar positiven Pappkameraden zu dienen, die der Publizist braucht zur Abgrenzung von den Politikern, die eben weder denken können noch über Moral verfügen.

Wie man weiß, ist das eine beliebte Technik im Kritiker-Gewerbe. Womit wir langsam bei uns Groß und Klein-Publizisten aller Stilrichtungen wären - und dem Verdacht, daß ein guter Teil von uns inzwischen vor allem zwei Arten des Umgangs mit Kanzlern, Ministern, Abgeordneten entwickelt hat: Entweder man wirft sich ihnen krachend an die Brust und wird irgendwann Chefredakteur im Deutschen Fernsehen; oder man wird berühmt, in dem man die Politiker durch die Bank zu Knalltüten erklärt.

6

Jetzt nur keinen falschen Beifall bitte. Jeder Journalist, der seinen Beruf ernst nimmt, hat sich über die Jahre hinweg angelegt mit den Staatsmännern aller Besoldungs-Klassen, ist verzweifelt an den immer gleichen Parteitags- und Wahlkampfritualen, deren aufklärerischer Inhalt oft kaum unter dem Mikroskop erkennbar gewesen war. Immer haben Journalisten in diesem Sinne - mal gerechter, mal ungerechter - den Barzels und Straußens und Lafontaines der Republik ihre Meinung geschrieben - und gewußt, daß der Demokratie durch ein Jubiläums-Interview, das sich der Kanzler bei einem befreundeten Intendanten bestellen kann, größerer Schaden entsteht als durch einen noch so abwegigen Kommentar in den Tagesthemen.

Noch immer stimmt, daß ohne Pressefreiheit die Demokratie den Bankrott erklären könnte. Das ändert nichts an der Notwendigkeit, hin und wieder über den Gebrauch dieser Freiheit nachzudenken. Vielleicht sind die Deutschen ja auch besonders anfällig für Extreme. Und vielleicht liegt es an dieser Anfälligkeit, daß wir für unsere

Politiker am liebsten entweder Fackelzüge veranstalten oder Spießrutenläufe. Wenn Spießruten gebraucht werden, dann schreibt beispielsweise der Schriftsteller Joseph von Westphalen - natürlich literarisch gemeint - von den Politikern als "durch und durch lebensunwerten Subjekten" oder "hypertrophen Hausschweinen". Zum Ausgleich werden dann manche Politiker, gleich nach ihrem Ableben, heilig gesprochen, auf Kosten der Überlebenden.

Als Willy Brandt gestorben war, schrieb der Regisseur Peter Stein, nun sei er verlassen, "alleingelassen mit den windigen Reagierern, selbsternannten Machern, Verwaltern und neuen Populisten". Willy Brandt, der zum Beispiel mit Helmut Kohl sehr entspannt und in den letzten Jahren durchaus respektvoll umgegangen ist, hätte solche Sätze abwegig gefunden.

7

Amtierende Politiker mit ihren Schwächen, Skrupeln, Kompromissen hatten in dieser Republik selten eine faire Chance, auch dafür ist Brandt ein überwältigendes Beispiel, von dem sich ein ganzer Teil des Volkes jetzt beim besten Willen nicht mehr erinnern will, was es ihn früher alles geheißen hat. Helmut Kohl wiederum ist fast seine ganze Amtszeit über mit soviel hilflosem Spott überschüttet worden, daß es ihm leicht gefallen ist, sich mit gut begründeter Kritik an seinem Politikverständnis erst gar nicht auseinanderzusetzen.

Norbert Seitz hat kürzlich einleuchtend beschrieben, daß Kohl es - abgesehen von ganz kurzen Momenten der publizistischen Fackelzüge - vor allem auch aus ästhetischen Gründen vielen Demokraten aller Richtungen nie hat recht machen können: Für die Linken war er die meiste Zeit *Birne* und auch sonst eine Lachnummer, auf der Rechten hat er samt Genscher und Strauß ziemlich früh von Karl Heinz Bohrer im *Merkur* erfahren müssen, daß Leute wie er den Ansprüchen eines konservativen deutschen Intellektuellen nicht genügen können, wegen ihres "Körperbaus, diesen Landschaften aus Fleisch und Fett". Nun zeigt sich, daß diese Kriterien nicht genügen - und eine ernsthafte Auseinandersetzung findet gerade noch zu seinem Jubiläum statt.

Später ist aus dieser Art Beschreibung ein richtiger Sport geworden, vor allem bei ausgesucht witzigen Journalisten, von denen ja bekannt ist, wie hübsch und zierlich und charakterlich unanfechtbar sie alle sind. Sowieso gibt es wenig Politiker mehr, die nicht mindestens einmal aus der *Titanic* erfahren hätten, wie häßlich und unheilbar faschistoid sie sind. Oder solche, die nie in *Tempo* zum Gegenstand der redaktionell vorgeschriebenen Haßkolumne geworden wären.

Was man darüber hinaus auf keinen Fall sein möchte, ist Ministerpräsident eines deutschen Bundeslandes, jedenfalls nicht solange, als auf dem Patronen-Gürtel der *Spiegel*-Chefredaktion noch Platz ist für den einen oder anderen Skalp. Ist der Verdacht völlig abwegig, daß - wie immer sie sich im einzelnen verhalten haben - die Herren Späth, Duchac, Gomolka, Gies auch deshalb in so schneller Abfolge abtreten mußten, weil das deutsche Nachrichtenmagazin nun einmal beschlossen hat, bei Kampagnen gegen Regierungschefs auf seiner "Meinungsführerschaft" zu bestehen? Im Falle des saarländischen Ministerpräsidenten hat man im Augenblick auf weitere Strafverfolgung verzichtet; dafür werden die Ermittlungen gegen den brandenburgischen Ministerpräsidenten, in Zusammenarbeit mit *FAZ* und jetzt auch SAT 1, mit um so größerer Entschiedenheit vorangetrieben. Wenn Stolpe eines Tages aufgibt, werden wir vermutlich nicht wissen, ob er sich wirklich schuldig gemacht hat - oder nur von Journalisten abgeurteilt wurde.

Politiker sind manchmal geldgierig, inkompetent, gelegentlich faul oder gar dem Alkohol verfallen; das haben sie mit den meisten anderen Menschen gemeinsam, muß aber bei ihnen schärfer gegeißelt werden, weil solche Eigenschaften da eine öffentliche Gefahr sein könnten. Allerdings ist gelegentlich mit Händen zu greifen - damit ist übrigens zuletzt der *Spiegel* gemeint -, mit wieviel Inkompetenz oder Fahrlässigkeit gut bezahlte Journalisten mäßig bezahlten Politikern ihre Inkompetenz und Fahrlässigkeit und Geldgier vorwerfen. Und dann ist nicht ganz unverständlich, daß mit der Politikverdrossenheit der Öffentlichkeit inzwischen eine heftige Journalistenverdrossenheit der Politiker korrespondiert. (Es mehren sich übrigens die Diskussions-Veranstaltungen, bei denen sich beide Berufsgruppen traurig in den Armen liegen und sich nicht genug wundern können, warum sie keiner mehr mag.)

8

Wir stellen also fest, daß in der gegenwärtigen Debatte die erwähnte Verdrossenheit mit mehreren Namen belegt worden ist, die alle die Brisanz des Problems gar nicht treffen. Politikverdrossenheit? Ist nur zu verständlich, wenn man sieht, wie unerfreulich die politische Lage ist. Staatsverdrossenheit? Niemand kann von uns verlangen, daß wir uns in den Staat verlieben. Die schlimme Wahrheit ist eben, daß ganz offensichtlich die Demokratieverdrossenheit grassiert: Der Überdruß an jener Idee, von der wir Deutschen uns nur nach jeder Katastrophe kurz einig zu sein scheinen, daß sie zu den schönsten Hervorbringungen des menschlichen Nachdenkens gehört. Immer, wenn gerade eine Diktatur in Deutschland zusammengebrochen ist, schwärmt das Land davon, daß mündige Menschen mit gleichen Rechten ihr gemeinsames Leben am besten selbst organisieren könnten. In feierlichen Reden werden dann in den Aulen der Schulen Plato zitiert und Seneca und Abraham Lincoln mit seiner Gettysburger Rede.

In der Praxis stellt sich leider heraus, daß die von Lincoln beschriebene Herrschaft des Volkes durch das Volk für das Volk sich in ganzen Tonnen von Bundesdrucksachen materialisiert; und daß sie von gestreßten Parlamentariern in endlosen, ermüdenden, nervtötenden Sitzungen so lange diskutiert werden, bis im Paragraphen 4 des Änderungs-Gesetzes zur Körperschaftssteuer der Absatz 2 mit dem Absatz 3 vertauscht ist. *Lähmend*, sagt der Intellektuelle, *ätzend* sagt der Skin, womit sie beide unbedingt recht haben - nur daß sie uns noch nicht sagen können, auf welchem Weg sonst die Körperschaftssteuer geändert werden und das Staatswesen funktionieren soll.

Aber das muß es doch. Es gibt ja wohl, da hat Peter Glotz völlig recht, keinen vernünftigen Grund für die anderen Eliten, "über die Deklassierung der politischen Klasse allzu laut zu triumphieren". Eher wäre das ziemlich kindisch: Geschieht der Regierung ganz recht, wenn mein Unternehmen Pleite macht; warum macht sie keine vernünftige Wirtschaftspolitik?

9

Ob es wohl noch einmal möglich sein wird, uns auf ein paar Grundtatsachen zu verständigen? Zum Beispiel auf die, daß in den Parlamenten, ob wir es wollen oder nicht, unsere Sache verhandelt wird und nicht diejenige von Außenseitern, die uns anscheinend nur noch interessieren, wenn wir den Gatten der Frau Präsidentin bei einer Fahrt mit ihrem Dienstauto erwischen. Oder darauf, daß dem System, wie jüngst bei der Gesundheitsreform, erstaunliche Siege gelingen können gegen eine Welt aus Lobbyisten. Oder darauf, daß man den Politiker-Beruf auch so lange verächtlich machen kann, bis endgültig kein halbwegs Qualifizierter mehr für ein Parlament kandidiert. (Woraufhin die Diagnostiker wieder viel Freude haben werden an der Vertiefung ihrer Befunde.)

Die Wahrheit ist doch, daß wir gar keine Wahl haben: Von einer zerstrittenen Koalition schlecht regiert zu werden, ist immer noch tausendmal besser als straff regiert zu werden von einer geschlossenen Einheitspartei - oder gar nicht regiert zu werden. Wer sich für den Charme der Anarchie interessiert, sollte in Bosnien forschen oder in Somalia.

Parlamente mögen langweilig sein, Parteien verfilzt, Gerichte überfordert - Kritiker dürfen nicht müde werden, darauf hinzuweisen. Was wir an all den Institutionen, was wir am Rechtsstaat hatten, werden wir wohl erst wieder zu schätzen wissen, wenn uns eine neue Bewegung - zum Beispiel aus unbefangenen jungen Steinwerfern und ihren älteren Bewunderern - sagt, wo es künftig wieder lang geht. Vielleicht lesen wir dann versonnen in alten Zeitungen und rätseln, was uns der Dichter M. Biller sagen wollte, als er im *Spiegel* Nummer 41/1992 beklagte, von einer "reaktionären und militaristischen Parlamentsdiktatur" regiert zu werden. (Seine Generation habe es aber auch gar nicht anders verdient, lautet die Pointe des Artikels. Auch ein bißchen kindisch, nicht?)

10

Ein Blick auf den Rest der Welt müßte uns eigentlich lehren, daß wir Deutsche auch in bezug auf unsere Regierungsform unverdient privilegiert sind. Ein Blick in unsere Vergangenheit müßte uns überzeugen, daß wir, peinliches Eingeständnis, den einen oder anderen Grund hätten, unseren Kindern die Freude an der Demokratie zu vermitteln oder wenigstens vorzuspielen. Es handelt sich, zugegeben, um eine sehr komplizierte und oft gefährdete Freude. Aber was haben wird denn sonst?

Wenn wir es dann noch schaffen würden, nach der nächsten mißglückten Landtagswahl nicht jedem stumpfsinnigen Nicht- oder Protestwähler in immer noch einem Fernsehkommentar das Gefühl zu geben, er habe sich wieder einmal besonders intelligent oder einfühlsam verhalten: Vielleicht wären wir dann schon wieder ein kleines Stück weiter. Und es drängten sich weniger Vergleiche mit Weimar auf.

Dabei konnte man, als der Artikel geschrieben wurde, das große Politiker-Versenken noch gar nicht ahnen, das bald darauf einsetzen sollte: Möllemann und Krause, Streibl und Engholm. Im übrigen sind zwei Nachbemerkungen nötig:
Erstens stimmt es definitiv nicht, daß sich die Fußballbundesliga in der Krise befände.
Und zweitens glauben wir inzwischen noch etwas weniger an die "moralischen Kategorien" unter den Managern der deutschen Industrie.
Den einschlägigen Sinnspruch Enzensbergers hat vermutlich Ignacio López über seinem Nachtkästchen hängen.

Ganz schön häßlich

Im Spätherbst 1992 brennen die ersten Asylanten-
häuser in Deutschland, sterben die ersten Menschen
durch verhetzte Brandstifter. Und es mehren sich
die Versuche, die Ausländerfeindlichkeit durch
Inländerfeindlichkeit zu bekämpfen.
Noch einmal zehn Anmerkungen.

Die Deutschen sind unbelehrbar, ihre Jugend schändet
jüdische Friedhöfe, selbst die Philosemiten unter ihnen,
schreibt der deutsche Jude Rafael Seligmann, können am
besten mit Juden umgehen, "wenn sie bereits konserviert,
also tot sind".

Ist das alles wahr? Natürlich ist es wahr, manchmal mehr,
manchmal weniger - mindestens gibt es tausend Gründe,
Angst zu haben vor dem alltäglichen deutschen Faschismus, vor den Mördern in Mölln und anderswo. Und sich
zu schämen, wenn man zufällig selbst in Deutschland
geboren ist.

Manchmal, wenn es nur noch schwer auszuhalten ist unter
dem Eindruck immer neuer Hiobsbotschaften aus dem
Lande Schwarz-Rot-Gold, ertappt man sich dabei, wie
einen die rassistische Untat - sagen wir: weißer Polizisten
gegen Schwarze in Los Angeles - geradezu ein wenig
tröstet. Nur trägt das nicht lange: Erstens, weil rassistische
Untaten in Deutschland auch tausend Jahre nach Au-
schwitz noch eine andere Qualität haben werden als sonst-
wo auf der Welt. Und zweitens, weil es nun wirklich kein
Trost ist, daß es auch in nichtdeutschen Köpfen so dumpf
zugehen kann wie in solchen aus Rostock oder dem schönen Schwabenland.

1

Was es anderswo vielleicht weniger gibt als in Deutschland, das ist die verbreitete Überzeugung vor allem der
gebildeten Stände, einem besonders schrecklichen Volk
anzugehören, ganz unabhängig von der schrecklichen

Vergangenheit. Wenn man von einer charakteristischen Eigenart der Deutschen sprechen kann, dann ist es die, daß wir uns, aber vor allem einander nicht so recht leiden können - und aus dieser Abneigung die Basis für Hochrechnungen auf einen irgendwie gearteten Volkscharakter machen.

Man selbst wäre ja gerade noch erträglich, manchmal sogar richtig toll; aber leider muß dann der unverkennbar schöne RTL-Moderator Olaf Kracht in der Münchner *Abendzeitung* doch bekanntgeben, daß die Welt überschwemmt wird von lauter gräßlichen Landsleuten, die offenbar alle gleich aussehen: "Fette Bäuche in Unterhemden..., weißbesockte Plastiksandalenfüße, Hände voll Kameras. ...Man spricht deutsch, nur deutsch, frißt Wurst und Kraut und Wiener Schnitzel."

2

Ja ja, so sind wir eben, lauter Ekelpakete mit lauter ekeligen kleinen Päckchen darin, über die wir endlos reden können: unsere Beamten zu stur, die Zahnärzte zu raffgierig, die Ossis zu doof und überhaupt alle Deutschen muffig, humorlos - sehr deutsch eben, wie seit langem das beliebteste Totschlag-Argument am Ende jeder kontroversen Debatte lautet, vor allem unter Intellektuellen. Es handelt sich dabei - was sonst - um ein sehr deutsches Argument, und eines, das vermutlich sehr viel zu tun hat mit unseren gegenwärtigen Gleichgewichtsstörungen.

Die Ausländerfeindlichkeit, darauf ist gelegentlich schon hingewiesen worden, ist ja nur die andere Medaillenseite einer tief sitzenden Inländerfeindlichkeit, deren wichtigster Boden eben auch die Vorurteile sind und die Klischees, die zu pflegen die vornehmste Aufgabe nicht nur der Stammtische ist. Wenn wir uns mies fühlen, und das tun wir derzeit nur zu oft, brauchen wir vor allem jemanden, den wir überhaupt nicht ausstehen können: die Zigeuner, die Juden - oder eben die häßlichen Deutschen, von denen allgemein bekannt ist, daß sie alle mit ihren fetten Bäuchen in Unterhemden die Zigeuner oder Juden nicht ausstehen können.

3

Es ist halt nur nicht wahr, so wie kein Vorurteil wahr ist. Von der intellektuellen Qualität her gesehen ist kein wesentlicher Unterschied zwischen Behauptungen wie diesen beiden: Die Juden haben auf der Welt zuviel Einfluß. Die Deutschen sind verkappte Faschisten. Natürlich haben beide Aussagen ihren wahren Kern, den zum Beispiel, daß es in der Welt tatsächlich einflußreiche Juden gibt - und leider schon wieder zu viele Deutsche, die daraus die selben idiotischen bis brandgefährlichen Schlüsse ziehen wie viele ihrer Vorfahren (und andere Antisemiten in aller Welt). Nur mit der Wahrheit über Deutsche und Juden hat das nicht viel zu tun.

Was das reiche und einflußreiche Judentum angeht, so muß man sich zum Beispiel einmal von der jüdischen Gemeinde in Frankfurt die Statistik ihrer Mitglieder zeigen lassen: In dieser Gemeinde gibt es mehr Sozialhilfeempfänger als beim Durchschnitt der nichtjüdischen Deutschen; und was diese betrifft, so gibt es (inklusive Justiz, Polizei, Politik) immer noch eine verläßliche und starke Mehrheit unter ihnen, die aus dem Jahrtausendverbrechen des Holocaust die wichtigsten Lehren ihres Lebens gezogen hat. Wer das nicht zugibt, braucht vielleicht nur mal Pappkameraden, auf die er einschlagen kann in Befriedigung des "linken Alarmismus", von dem Klaus Hartung kürzlich in der *Zeit* geschrieben hat. Oder er braucht zum Genuß seines eigenen sensiblen Antifaschismus die Vermutung, daß er damit ziemlich allein steht in seinem ansonsten unverbesserlichen Vaterland.

4

Es ist furchtbar peinlich, aber vielleicht unvermeidlich, an dieser Stelle mit einer sensationellen Neuigkeit herauszurücken. Die Neuigkeit ist, daß es, außer den Mördern türkischer Frauen und Kinder, sehr viele, sehr anständige Deutsche gibt - und damit sind noch nicht mal in erster Linie diejenigen gemeint, die aus gegebenen Anlässen Inserate in den Zeitungen aufgeben oder in Lichterketten gegen den Ausländerhaß auf der Straße stehen. Die schlichte Wahrheit ist, daß daneben auch sehr viel Gutes *getan* wird.

Sowieso wird sehr viel Geld gespendet - und ganz bestimmt nicht nur von denen, die sehr viel Geld haben und ihre Schecks für die Welthungerhilfe als eine Art Ablaßzettel benutzen. (Wobei es den Hungernden übrigens egal ist, wie edel die Motive sind, die ihnen zum Überleben verhelfen. Und auch ein schlechtes Gewissen ist immerhin ein Gewissen.) Wichtig ist zu registrieren, daß in einer Zeit, in der die Deutschen sehr genau wissen, daß es ihnen demnächst selbst nicht mehr so gut gehen wird wie bisher, die Bereitschaft, etwas vom eigenen Wohlstand abzugeben, nicht abgenommen, sondern noch einmal zugenommen hat. Auch wenn die Spender zunehmend das Gefühl bekommen müssen, mit lauter kleinen Gießkannen einen brennenden Urwald löschen zu müssen - sie spenden unbeirrt weiter: mehr für das Rote Kreuz, mehr für Cap Anamur, drei Prozent mehr auch bei der ganz normalen Caritas-Sammlung der Erzdiözese München und Freising (die zusätzlich einen riesigen Betrag für die Kroatien- und Bosnienhilfe eingenommen hat).

Das gesamte Spendenaufkommen der Deutschen für humanitäre Zwecke in aller Welt ist - Quelle: Rupert Neudeck, der unermüdliche Motor der Cap Anamur - sechsmal so hoch wie das der Franzosen zum Beispiel, ohne daß wir daraus bitte den Schluß ziehen sollten, wir seien sechsmal so gutherzig wie unsere Nachbarn. Aber das Gegenteil zu beweisen ist bei solchen Zahlen auch nicht gerade leicht. (Vielleicht sollten wir es gar nicht erst versuchen, so etwas geht leicht schief: "Das Wort Solidarität ist im Deutschen ein Fremdwort geblieben", hat dieser Tage Harry Pross am Anfang einer aufrüttelnden Rezension bemängelt; ein Vorwurf an die deutsche Sprache, den richtig zu verstehen man vermutlich deutscher Professor sein muß.)

5

Gottseidank aber müssen wir nicht nur von Geld allein reden in diesem Zusammenhang, jeder kann täglich mit

Händen greifen, daß man das nicht muß - obwohl kein Photograph dabei ist, wenn die Münchner Redaktionssekretärin einmal im Monat auf gefährlichen Straßen einen Lastwagen voller Medikamente und Prothesen in serbische Flüchtlingslager bringt; obwohl kein Fernsehteam dasteht, wenn die niederbayerische Masseurin samt ein paar Freunden alle zwei Wochen mit Lebensmitteln für ein ganzes Dorf nach Siebenbürgen fährt. Das Land ist voll von solchen Aktivitäten, von denen man immer nur zufällig erfährt und an denen sich übrigens sogar viele Politiker beteiligen, ohne danach immer sofort eine Presseerklärung herauszugeben.

Selbst eine Stadt wie München besteht überraschenderweise nicht nur aus den schönen und "hochkarätigen" Menschen, wie wir sie aus den Gesellschaftskolumnen der hiesigen Zeitungen kennen: Nicht nur aus Menschen also, die nach Auskunft der *Abendzeitung* ihre Tage damit zubringen, "in einem Zwei-Sterne-Tempel sieben Sorten samtig-sinnlichen Bordeaux-Weines" zu testen, und dabei merkwürdige Talare und Mützen aufsetzen, weil sie nämlich Mitglieder einer sogenannten Commanderie de Bordeaux sind, die so etwas anscheinend in regelmäßigen Abständen machen müssen.

Wir unterliegen da Sinnestäuschungen, die wieder einmal mit dem Medienbetrieb zu tun haben: Aus irgendeinem geheimnisvollen Grund ist es definitiv immer eine Meldung wert, wenn es sich ein Herrenschneider oder ein Autokönig zur Neueinführung einer Hautcreme umsonst gut hat schmecken lassen. In keiner Zeitung dagegen steht es, wenn Frau M. in Moosach oder Frau W. in Neuperlach im "Initiativkreis: Miteinander leben" für Kurden aufs Rathaus gehen oder nigerianischen Kindern bei den Hausaufgaben helfen. Wahrscheinlich sind Hilfen dieser Art, die allein in München und Umgebung von mehr als hundert Gruppen angeboten werden, ganz einfach furchtbar langweilig, schon weil nur ganz normale Deutsche aus gewöhnlichen Pfarreien, Parteien, Vereinen dahinter stehen; außerdem essen diese Deutschen manchmal ein Wiener Schnitzel.

6

Nun wollen wir wirklich niemanden heiligsprechen, sowieso nicht die Bonner Politiker (die aber unter allen Westeuropäern mit Abstand die meisten Flüchtlinge aus den jugoslawischen Bürgerkriegsgebieten aufnehmen), natürlich auch nicht die ganz privaten deutschen Wohltäter: Nichts wäre trauriger, als sich pausenlos - womöglich in Gesellschaft stolzer Deutscher - auf die Schulter zu klopfen wegen unserer Großmut, die im Zweifel sowieso eher die Großmut unserer Frauen, Töchter, Mütter ist, weil der Mann als solcher bekanntlich für Besuche im Asylbewerberhaus leider nicht soviel Zeit hat. Auch sollten wir nun nicht unsere sozialen Aktivitäten auf Bütten drucken und in den Goethe-Instituten vorsingen lassen, damit die Besucher wissen, daß wir so schlimm, wie die Fernsehnachrichten immer behaupten, gar nicht sind.

Es ist nur andererseits so, daß der alltägliche deutsche Humanismus genauso zur Wirklichkeit gehört wie der alltägliche deutsche Faschismus, auf den sich die erwähnten Fernsehreporter mit Begeisterung stürzen, auch wenn die 17jährigen Rabauken das Wort Nationalsozialist vermutlich kaum buchstabieren können. Zur Wirklichkeit gehört weiter, daß - anders als in Weimar - der kriminelle Pöbel gesellschaftlich geächtet und strafrechtlich verfolgt wird. Und vielleicht wird man sich auch darauf einigen können, daß die Deutschen genauso konstruiert sind wie die Menschen in anderen Teilen der Welt: Bestimmt nicht besser, selbst wenn Boris Becker gerade Weltmeister im Profitennis wird und durch seine Siege nach Meinung des Unions-Fraktionsvorsitzenden gewaltig beiträgt zum besseren Image unseres Landes. Aber eben auch nicht schlimmer, durch irgend einen geheimnisvollen Gen-Defekt.

7

Natürlich ist das eine Binsenweisheit - sie wird hier auch nur aufgeführt, weil der Flagellantismus wieder so stark in Mode gekommen ist, jene geistliche Errungenschaft, deren mittelalterliche Vorkämpfer hofften, ihre Sünden würden ihnen durch das Auspeitschen des eigenen Körpers vergeben. Einer der ganz großen Momente der neueren deutschen Selbstpeitschungs-Lust (von der man nur fälschlich glaubt, mit ihr die Sünden der deutschen Geschichte vergeben zu bekommen) war beispielsweise die Rede von Günter Grass kürzlich in den Münchner Kammerspielen: eine Rede, nach der man, wenn man zufällig einen deutschen Personalausweis in der Tasche trug, den Vortragenden am liebsten dafür um Entschuldigung gebeten hätte, daß man auf der Welt ist.

Wie nämlich sind wir Deutsche nach Grassens Ansicht? "Ohne Maß" sind wir, Menschen, denen offenbar "noch immer kein ziviler, das heißt humaner Umgang mit In- und Ausländern möglich ist" und gegen deren "Hang zur Rückfälligkeit kein heilsames Kraut gewachsen ist". Ein ganzes Volk aus "Tätern, Mitläufern und schweigender Mehrheit".

Und keine Revision ist erlaubt, wenn der Dichter geurteilt hat, der in Wahrheit natürlich nur uns und nicht sich selber geißeln will bei seiner Beschreibung der Deutschen (auch wenn er dauernd davon spricht, wie *wir* sind): Da können Hunderttausende auf die Straße gehen gegen den Rechtsextremismus - Grass sagt, das nützt leider nichts gegen den Rückfall in die Barbarei; da können Millionen Deutschen die Tränen in die Augen treten bei der Nachricht vom Tod Willy Brandts, Grass befindet letztinstanzlich, seit 1961 sei "Willy Brandt in Deutschland ein Fremder geblieben, kein feierlicher Staatsakt kann das ändern". Und die Mehrheit, die den Fremden 1972 immerhin zum Bundeskanzler gewählt hat? Alles dumpfe Emigranten-Hasser vermutlich, die den Mann nicht verstanden haben, jedenfalls nicht auf so hohem Niveau wie der "engere Kreis", der sich damals um Willy versammelt hatte und die "politische Kultur" erfand.

Manchmal fällt es schwer, seinen Zorn zu unterdrücken über so viel Selbstgerechtigkeit eines großen deutschen Schriftstellers, die noch die Brandstifter von Sachsenhausen zu der Behauptung mißbraucht, mit der Warnung vor der schnellen Wiedervereinigung recht gehabt zu haben. Manchmal fällt es schwer, es nicht komisch zu finden, wenn derselbe Schriftsteller Grass die deutsche Angst vor den Zigeunern damit erklärt, daß sie "von jener befremdlichen Schönheit sind, die uns häßlich aussehen läßt". Ach ja, da krümmt er sich endlich wieder, der häßliche Deutsche, diesmal literarisch in Stein gemeißelt. Gut, daß wir wenigstens Claudia Schiffer haben - um die beneidet uns bekanntlich die ganze Welt.

8

Vielleicht hängt der durch das Land sprühende Zorn aufeinander ja auch damit zusammen, daß die alten Schablonen nicht mehr stimmen. Vielleicht sind die Zeiten so kompliziert geworden, daß die bewährte Einteilung in gut und böse nicht mehr so funktioniert wie sie es früher getan hat. In diesem Fall müßten ein paar Fragen erlaubt sein: Die Frage zum Beispiel, ob man schon automatisch ein guter Mensch ist, wenn man jeden Aufruf zur völlig unveränderten Beibehaltung des Artikels 16 unterzeichnet, aber gleichzeitig von den Behörden die prompte Abschiebung jedes nicht anerkannten Asylbewerbers verlangt; die Frage auch, warum es moralisch ist, jeden Einsatz deutscher Soldaten in fremden Ländern kompromißlos abzulehnen, wohingegen es unmoralisch wäre, somalische Mörderbanden daran zu hindern, die Zivilbevölkerung des Landes zu massakrieren und Hungers sterben zu lassen.

Möglicherweise ist man nicht einmal ein ausgemachter Schuft, wenn man einen Roma, der sich in der Lebensmittelabteilung eines Supermarktes kostenlos bedient, dem dortigen Hausdetektiv meldet; sogar Supermarktbesitzer haben Rechte.

Schlimm ist es, wenn aus einem solchen Diebstahl auf die Minderwertigkeit anderer Menschen geschlossen wird, widerlich, mit solchen Vorurteilen - und den Ängsten verunsicherter Menschen - seine Wahlkämpfe gewinnen zu wollen. Aber sehr eindrucksvoll muß man es auch nicht finden, wenn dauernd Leute ihren hohen moralischen Standard auf dem Rücken von Landsleuten zelebrieren, die im Gegensatz zu ihnen nicht richtig lachen können, wenn ihnen jemand die Wäsche von der Leine klaut.

In der Regel sind die strahlendsten aller Moralisten diejenigen, die selber eher selten ein Containerlager mit Sinti und Roma auch nur betreten, geschweige denn diesen Leuten helfen würden, die dort oft unter himmelschreienden Bedingungen untergebracht sind. Umso unbefangener können die Besucher der Kammerspiele applaudieren, wenn Grass von den "harten Deutschen" verlangt, sofort eine halbe Million und mehr Sinti und Roma ins Land zu lassen. Wie es den Gratis-Mut gibt, so gibt es auch die Gratis-Großmut.

9

Noch eine Binsenweisheit: Wir werden uns nachgerade an den Gedanken gewöhnen müssen, daß wir (fast) alle zur Heiligkeit nicht taugen. Wäre es anders, stünden wir mit Mutter Teresa auf den Straßen Kalkuttas, wäre es anders, wären unsere Reihenhäuser voll mit den Armen der Welt und nicht mit Büchern über die Ursachen der Armut in der Welt. Solange das nicht passiert, sollten wir Nicht-Heiligen uns auf das konzentrieren, was in unserer Macht steht, sollten den Flüchtlingen helfen, aber sollten auch über der Fernen-Liebe die Nächstenliebe nicht vergessen, die Verantwortung für die eigene Familie, die Nachbarn, die Schwachen im Lande, deren Job von einem hungernden und deshalb billig arbeitenden Polen im Zweifel eher bedroht ist als der eines Schriftstellers oder Journalisten oder eines Software-Produzenten.

10

Der deutsche Flagellantismus ist aber vor allem auch gefährlich - und nicht einmal so sehr wegen des Auslands, das uns da nur allzu gerne glaubt. Wer ständig auf das Volk schlägt, sagt der unverdächtige Rupert Neudeck, der beleidigt damit gerade jene Leute, deren "große Integrationsleistung" es zu loben gälte.

Wenn die Deutschen dauernd hören, wie furchtbar sie

sind, werden sie es am Ende wirklich sein. Bekanntlich sind die präzisesten Prophezeiungen immer noch jene, die sich selbst erfüllen.

Wie man weiß, ist es nicht bei den Morden von Mölln geblieben. Als Solingen passiert war, fühlten sich wieder die Diskutanten aller politischer Richtungen bestätigt:
Sie hatten es schon immer vorausgesagt.

Jedem das Seine, mir das meiste

*Im Frühjahr 1993 wurde der unschuldige Amigo über-
raschend zu einem politischen Kampfbegriff. Kurz vor
Beginn der Fastenzeit ein guter Anlaß für eine
journalistische Predigt. Leider will die Fastenzeit gar
kein Ende nehmen.*

Manchmal gibt es Texte, bei denen man an einem einzigen
Satz hängen bleibt, das aber nachhaltig. So ein Satz steht
in einem Manifest, das kürzlich ein paar bekannte Deutsche veröffentlicht haben, *Weil das Land sich ändern muß* -
und er lautet: "Wir haben es satt, in einer Raffgesellschaft
zu leben..." Weiter ausgeführt wird der Satz nicht.

Nun hat es damals vermutlich nicht nur einen Leser gegeben, der sich gewundert hat, wer sich alles auf eine solche
Feststellung hat einigen können. Der Unterzeichner Helmut Schmidt zum Beispiel ist nicht als ausgesprochener
Gesellschaftskritiker bekannt geworden und der Unterzeichner Edzard Reuter nicht als Kapuzinerpater, der an
der Klosterpforte kleine Benzinspar-Autos an die Bedürf-
tigen und Bescheidenen im Lande verschenkt. Andererseits muß die Diagnose deshalb noch lange nicht falsch
sein. Womöglich hat es sogar etwas zu bedeuten, wenn die
Creme der Tonangeber und Einflußnehmer im Lande
plötzlich ein mulmiges Gefühl hat; und vielleicht muß man
eine Gesellschaft von oben und von innen kennen, wenn
man sie präzise kritisieren will. Übrigens wissen wir ja alle
zusammen nur zu genau, wovon die Rede ist, wenn jemand das Raffen kritisiert. Und ahnen, wieviel das mit
unseren gegenwärtigen Schwierigkeiten zu tun hat.

Das Raffen ("gierig nehmen", "geizig anhäufen", umschreibt es Wahrigs Wörterbuch) - das Raffen also ist uns
ja wohl allen zur lieben Gewohnheit geworden in den 44
Jahren, in denen diese Republik besteht. Manchmal denkt
man jetzt sogar, es sei das tragende Fundament des Landes: Weil es für Erfolg und gesellschaftliche Anerkennung
ganz offenbar keinen überzeugenderen Maßstab gibt als
den Erwerb von möglichst viel Geld, berichten inzwischen

die Sportseiten der Zeitungen weniger über die genialen Steilpässe des Mittelfeldspielers Sammer als über die Tatsache, daß er 8,6 Millionen Mark "Ablöse" gekostet hat; weil ohnehin immer weniger Menschen noch Toscanini von Tosca unterscheiden können, muß man das Genie eines Dirigenten daran erkennen, daß er vom Bayerischen Rundfunk und diversen Sponsoren mit vier Millionen jährlich honoriert wird.

☆

Übrigens sollte man beim Thema Raffen erst einmal der Versuchung widerstehen, ausschließlich von unten nach oben zu argumentieren. Wenn die "Existenzweise des Habens" (wie Erich Fromm das formuliert hat) "die Basis einer Gesellschaft ist", dann ist sie es natürlich in allen Schichten: Wir werden also Norbert Blüm schon glauben dürfen, wenn er davon berichtet, daß bei 185 vor kurzem überprüften Baustellen 120mal einer der Arbeiter beim Schwindeln erwischt wurde, daß "ein Drittel der thüringischen Pendler zuhause Arbeitslosengeld bezogen hat und am nordbayerischen Arbeitsort Lohn". Solche Beispiele gibt es viele, und wenn der Bundeskanzler das sozialen Wildwuchs nennt, dann hat er insofern unrecht, als das richtige Wort für solche Methoden Betrug heißt - und es natürlich in keiner Weise sinnvoll oder gar gerecht wäre, wegen dieser Betrüger die große Mehrheit der Ehrlichen mit gekürzter Sozialhilfe oder weniger Arbeitslosengeld zu bestrafen.

Außerdem ist diese Art von Betrug seit langem gesellschaftsfähig. Wie jeder weiß, wird er nicht nur - und bestimmt nicht in erster Linie - von Maurern begangen, sondern von einem Heer aus Subventionsakrobaten und Krankfeier-Künstlern, von Kindergeldschwindlern, reichen Sozialwohnungsbesetzern und Absahnern an der öffentlichen Fernsehfront; die stehen insgesamt in keinem schlechten Ansehen, vor allem, wenn sie hin und wieder, mit Photo in der Presse, verfallene Arzneimittel humanitär nach Marokko schicken. Und ist es nicht extrem lebenstüchtig, wenn zwei Kioskbesitzer jeweils die Ehefrau ihres Kollegen anstellen und dann gleich wieder entlassen, damit zweimal Arbeitslosengeld kassiert werden kann? Solange sich die Gemeinschaft das leisten konnte, wurden solche und ähnliche Fälle, wenn man sie wirklich einmal erfahren hat, achselzuckend bis schmunzelnd zur Kenntnis genommen. Daß sie ansonsten in der öffentlichen Debatte eher kein Thema waren, liegt wohl im wesentlichen daran, daß sie sonst Rückfragen provoziert hätten. Rückfragen nach dem Gesamtzustand des Gemeinwesens.

☆

Vielleicht ist es also gut, daß nun die mageren Jahre begonnen haben; man kommt um gewisse Bestandsaufnahmen nicht mehr herum, die alle sehr viel mit dem Thema Raffgesellschaft zu tun haben - zum Beispiel und erst einmal mit dem gierigen Grapschen nach allem, was ein gut funktionierendes System seinen schlauen Endverbrauchern so bietet. Gedacht war das an sich einmal anders: Idealerweise setzt das Zusammenleben in einer zivilisierten Gesellschaft den Konsens über die Einhaltung gewisser Spielregeln voraus, mit deren Hilfe wir das komplizierte und riskante Leben einigermaßen zu überstehen hoffen. Wir zahlen Steuern, weil wir Schulen für unsere Kinder brauchen und Richter für unsere Streitigkeiten; wir zahlen Beiträge in die Krankenkasse, damit uns die schwere Operation nicht auch noch ins materielle Elend stürzt; wir versichern uns gegen Autounfälle und hoffen zutiefst, daß wir an keinem schuld werden mögen.

Lauter sinnvolle Verabredungen mit dem Schicksal und mit unseren Schicksalsgenossen, allerdings funktionieren sie nur bei einem Mindestmaß an gegenseitigem Vertrauen. Und das schwindet gerade. Irgendwann hat sich bei vielen von uns der Verdacht eingenistet, es könnten sich andere zu viele Wurststücke herausholen aus dem gemeinsamen Suppentopf - und nun versucht jeder, nicht der Dumme zu sein. Nur so ist zu erklären, warum der gewöhnliche kleine Steuerbetrug, bei dem das Abendessen mit der Freundin als (geschäftliche) Werbungskosten abgesetzt wird, längst die reine Selbstverständlichkeit ist. Nur so ist zu erklären, warum es in weiten Kreisen als Ausweis besonderer Dummheit gilt, auch als Gesunder nicht wenigstens alle fünf Jahre zur Kur zu fahren - "für meine vielen Beiträge".

☆

Vernünftigerweise müßten wir uns sagen, daß wir mit solchen Tricks einander nicht nur gegenseitig, sondern auch uns selbst betrügen, weil sie zwangsläufig zu höheren Steuern oder Versicherungsbeiträgen führen; in der täglichen Unvernunft ist leider die Angst übermächtig, der Nachbar könnte noch ein bißchen geschickter sein als man selbst. Dabei ist es kein Geheimnis, daß uns diese Angst nur schadet: Der endlose landesweite Streit, ob eigentlich mehr die Versicherten die Versicherungen übers Ohr hauen oder ob sich die Versicherungen nicht doch auf Kosten ihrer Kunden zu viele Glaspaläste bauen, hat ja in beiden Aspekten viel Richtiges. Am Ende aber wird der Streit nur dazu führen, daß die Glaspaläste einstürzen und niemand mehr da ist, der uns entschädigt, wenn uns die Scherben auf die Köpfe fallen.

Dies nur zum allgemeinen Klima, in dem wir fortwährend aufeinander mit dem Finger zeigen, ohne uns einzugestehen, daß nun mal drei Finger der Hand auf uns selbst zurückweisen. Dieses Eingeständnis schließt im übrigen nicht aus, daß mancher Zeigefinger besonders präzise in die richtige Richtung weist, daß manches Raffen besonders heftig diskutiert zu werden verdient, wenn es in der Gesellschaft besonders heftigen Schaden anrichtet. So unangenehm nämlich schon im normalen Leben die Leute sind, deren einziges Ziel es im Leben ist, Reichtümer aufzuhäufen und dann auf ihnen zu hocken wie Donald Ducks Onkel Dagobert: Für das Gemeinwesen gefährlich wird es vor allem, wenn es Sitte wird, sich auf Kosten der Allgemeinheit (oder eines Unternehmens, oder der arbeitslosen Kollegen, oder eines städtischen Kulturetats) zu bereichern. Sich zu bereichern, wenn die Allgemeinheit noch denkt, man stünde in ihren Diensten.

Genau diese Art von Raffen hat Hochkonjunktur nicht nur in Deutschland, aber leider auch in Deutschland, es fallen einem nur zu viele Beispiele dafür ein. Übrigens sind die schlimmsten nicht einmal die Korruptionsfälle, aus denen wir in den letzten Jahren gelernt haben, daß es auch in den solidesten bayerischen oder hessischen Verwaltungen nicht mehr unüblich ist, sich dafür bezahlen zu lassen, einem Bauunternehmer den Auftrag für die Errichtung eines Klärwerks zuzuschanzen. Immerhin ist so etwas verboten und wird - wenn der städtische Oberinspektor erwischt wird - mit Gefängnis bestraft sowie mit dem Einzug des Geldkoffers samt der inliegenden 1,3 Millionen.

Gefährlicher ist vermutlich das legale Raffen, in welcher Disziplin wir mit guten Chancen an jeder Weltmeisterschaft teilnehmen könnten: Der legendäre Münchner Chefarzt wäre da zu nennen, der durch geschickten Einsatz der Apparatemedizin auf ein Einkommen von acht bis zehn Millionen jährlich kommt und so wissentlich zum Ruin des Gesundheitssystems beiträgt. Oder der Professor, der eigentlich für das Forschen und Lehren bezahlt wird, in Wahrheit aber, wie viele seiner Kollegen, das Vielfache seines Gehalts dafür verdient, daß er im jeweils richtigen Moment einem Pharmakonzern die Wunderwirkung seiner neuesten Schlaftabletten wissenschaftlich bestätigt. (Die Ministerin Schwaetzer, die kürzlich beinahe über ihre Reklame für eine Immobilienfirma gestolpert wäre, hat dafür wenigstens nicht auch noch Geld genommen.) Und warum nur fällt uns in diesem Zusammenhang der Generalintendant ein, der vom Steuerzahler, außer der Unterbringung in einer günstigen Dienst-Burg, ein Jahresgehalt von mindestens 300 000 Mark für eine nur mühsam zu definierende Tätigkeit bekommt? Er reichert es bekanntlich - weil er so viel zu tun hat - ein wenig an durch das Schreiben von Zeitungskolumnen oder das regelmäßige Inszenieren der Oper Rheingold (!) in Chicago oder Warschau (wo man sowieso nicht weiß, wohin mit den vielen Devisen).

All diese geschickte Anhäufung von Geld ist gesellschaftlich geachtet, sogar die Anhäufung von Geld durch die Ausstrahlung von Pornofilmen und systematischer Leichenfledderei ist es, die bekanntlich von den seriösesten Pressekonzernen verantwortet wird. Was die moralischen

Schäden angeht, die diese Art Gewinnmaximierung verursacht, so werden sie zum Ausgleich in den Bertelsmann-Briefen dann wieder auf hohem Niveau diskutiert.

☆

Man muß sich diese Dinge vor Augen halten, wenn man verstehen und einigermaßen fair einordnen will, was im Augenblick gegen viele unserer Politiker mit Recht eingewandt wird: Die Wahrheit ist ja erst einmal, daß sie auf eine erschreckende Weise Geschöpfe einer Zeit sind, die uns erst neuerdings ziemlich irritiert. Gewiß kann es einem den Magen umdrehen, wenn man nun erfahren darf, daß der Herr Bayerische Ministerpräsident mit seinem kärglichen Jahreseinkommen von 430 000 Mark nicht umhin konnte, sich seine Urlaubsreisen fallweise von einem lieben Unternehmer-Freund bezahlen zu lassen und daß auch sein Kronprinz leider keine andere Wahl hatte, als umsonst den Chef in die Ferien zu begleiten.

Es ist nur so, daß diese Art Vertrautheit der Regierenden mit den Reichen seit langem schöner Brauch nicht nur in Bayern oder Württemberg ist - und daß es vermutlich kein Zufall ist, wenn uns das erst seit einigen Jahren unangenehm auffällt. Die große Entourage des Franz Joseph Strauß, die sich viele Jahre hindurch von München aus zum Wiener Opernball hat fliegen lassen, ist schließlich nicht unter Ausschluß der Öffentlichkeit unterwegs gewesen, sondern unter dem großen Beifall der anwesenden Gesellschaftsreporter. Wir haben es nur alle die ganze Zeit für völlig normal gehalten, daß sich ein bayerischer Ministerpräsident von einem Hühnerbrater oder auch einem sogenannten Mercedes-Statthalter aushalten ließ, genau wie wir nie darüber nachgedacht haben, was es im einzelnen bedeutete, wenn der frühere Bundesaußenminister seinen Urlaub viele Jahre in einer Villa bei Berchtesgaden verbrachte. (Seine war es nämlich nicht, sondern die eines steinreichen Unternehmers aus Frankfurt.) Wenn so viele ihren Spaß haben - so dachten wir wohl -, warum sollen ausgerechnet die armen Politiker leer ausgehen?

☆

Nicht einmal der gut riechbare Hauch von Balkan hat uns gestört, nicht in Bayern und nicht anderswo, wo das Amigo-System genauso im Schwange ist; es stört ja die Bürger der hessischen Gemeinde Kriftel noch heute nicht, wenn sie nun erfahren, daß ihr Bürgermeister sich von den Verkäufern von Klärwerken zum Urlaub nach Sylt oder an den Chiemsee hat einladen lassen und deshalb ins Gefängnis mußte. Wer bringt es denn übers Herz, einen verdienten Mann nicht mehr zu nominieren? Wer würde von Bestechung reden - Max Streibl sagt sicher besten Gewissens, daß er nicht bestechlich ist. Es ist nur eben ein bestechender Gedanke, seine Urlaube auf Sylt oder auf brasilianischen Haziendas (wie aufregend das schon klingt!) zu verbringen, aber nichts dafür bezahlen zu müssen. Und daß man sich unter Freunden aufeinander verlassen kann, das versteht sich sowieso von selbst.

Von nichts kommt nichts, und eine Hand wäscht die andere - das sind alles Weisheiten nicht nur aus dem politischen Leben. Ist es eigentlich erlaubt, in diesem Zusammenhang auf die herrlichen Reisen zu verweisen, die mancher leitende Krankenhausarzt samt Gattin schon auf Kosten eines Apparate-Herstellers unternommen hat - begleitet von der begründeten Hoffnung des Gastgebers, das werde sich schon auszahlen, wenn das Krankenhaus demnächst einen neuen Kernspintomographen bestellt?

Und ist es völlig unangebracht, die vielen schönen Journalistenreisen zu erwähnen, zu denen unsereiner auch nicht deshalb eingeladen wird, weil der Einlader die kunstvolle Konstruktion unserer Nebensätze so schätzt? Wer sich - um nur ein Beispiel zu nennen - nebst Begleitung von der südafrikanischen Regierung zwei Wochen lang durch die schönsten Hotels am Kap hat schleifen lassen, um hinterher in einer kleinen Artikelserie die Apartheid doch nicht so schlecht zu finden, der sollte wenigstens kurz innehalten, bevor er den nächsten Leitartikel gegen die korrupten Politiker beginnt. Was ja nichts daran ändert, daß er geschrieben gehört.

☆

Daß alle raffen, macht das Raffen nämlich noch nicht hübscher und seine Folgen nicht angenehmer. Weil der Kleinbürger sein Reihenhäuschen so lieb hat, kann er leider den Asylanten nicht mögen, der durch seine bloße Anwesenheit in der Nachbarschaft den Wert des Reihenhäuschens mindern könnte; weil der mittelständische Unternehmer in den fetten Jahren seine Gewinne nach Amerika und in die Schweiz schaufeln mußte, ist jetzt, in der Krise, dummerweise zu wenig Eigenkapital vorhanden. Und wie ist es mit den Vorständen deutscher Unternehmen, die noch bei der Tarifrunde des letzten Jahres über nichts so gerne geredet haben wie über die Notwendigkeit maßzuhalten, den Wirtschaftsstandort Deutschland nicht zu ruinieren durch zu hohe Lohnforderungen von Müllarbeitern oder Krankenschwestern? Sie haben, wie Kollege Maier-Mannhardt für die *SZ* damals herausgefunden hat, ihre eigenen Bezüge bei BMW zum Beispiel um 8,5 Prozent angehoben, bei Siemens um 11,3 Prozent. Und wenn man dann noch berücksichtigt, daß solche Gehälter im Schnitt nicht unter einer Million jährlich liegen, ist schon die Steigerungsrate höher als bei den meisten Leuten das Jahreseinkommen. So etwas zu erwähnen und gar noch darüber nachzudenken, ob solche Gehälter immer im rechten Verhältnis zur Leistung stehen, wird in Deutschland gerne als das Schüren von Sozialneid gegen die Besserverdienenden verdächtigt. Es ist aber nur die Bestandsaufnahme einer Entwicklung, welche die Müllarbeiter und Krankenschwestern übrigens schon von alleine mitbekommen haben.

Einer Entwicklung, die gar nicht so sehr moralisch bewertet werden sollte - schließlich hat sie nicht nur mit unserer individuellen Raffgier zu tun, sondern auch mit der von Institutionen, Verbänden, Körperschaften aller Art. Wer denkt, daß es keine kollektive Raffgier gibt, hat noch nie die kleine Gewerkschaft beobachtet, die mit letzter Kraft für die nächste Sonntagsschicht-Zulage kämpft und doch weiß, daß sie damit Rationalisierung und Arbeitsplatzabbau zuungunsten der Nichtmitglieder erst herbei streikt; wer wissen will, wo die Schätze eines reichen Landes lagern, braucht nur durch die bayerischen Dörfer zu fahren, die gar nicht klein genug sein können, als daß nicht dort trotzdem noch ein Feuerwehrhaus für zwei Millionen zu finden wäre.

Noch immer wird das Geld mit vollen öffentlichen Händen auf die Straße geworfen, weshalb in Nürnberg gerade die teuer gebauten Buchten für die städtischen Busse wieder zurückgebaut werden müssen, damit die Nürnberger Autofahrer ein bißchen zur Langsamkeit erzogen werden. Das dafür nötige Geld wird ihnen dann über die Autobahnvignetten wieder abgezogen.

Städte sind als solche aber nicht unmoralisch - sie sind nur Teile eines Systems, das im Augenblick aus dem Ruder zu laufen droht. Fast die wichtigste Säule des Systems Marktwirtschaft ist bekanntlich die dauernde Anstrengung, Gewinne zu machen, weshalb es ziemlich unsinnig wäre, diesen Versuch einem Unternehmen, aber auch jedem einzelnen von uns Marktwirten vorzuwerfen. Nicht unsinnig dagegen ist die Erinnerung daran, daß der gesunde Erwerbstrieb umschlagen kann in krankhafte und krank machende Gier. Und daß es überlebensnotwendig ist, diese Krankheit zu bekämpfen, bei sich und bei anderen.

Schon beginnt sich erkennbar bei immer mehr Menschen das Gefühl zu verstärken, daß die Unterschiede zu gewaltig geworden sind zwischen den bayerischen Elchjägern in Kanada und den Leuten, die nach der letzten Rentenerhöhung auf DM 812 im Monat kommen; täglich vergrößert sich die Kluft zwischen den Beutemachern und denen, die nur in Werbefernsehen die Beute besichtigen dürfen. Wenn demnächst vier oder fünf Millionen Menschen ohne Arbeit sein sollten im Lande, wird die Wut darüber nicht dadurch gemildert werden, daß wieder in der Zeitung steht, es gebe in München jetzt erfreulicherweise 4600 Millionäre mit stark steigender Tendenz. Wie eine solche Wut wirken kann, hat kürzlich wieder (in der *Neuen Zürcher Zeitung*) der Germanist Hans Mayer beschrieben bei seinen Erinnerungen an den 30. Januar 1933 und dessen Vorgeschichte. "Eine große antikapitalistische Sehnsucht" habe es damals bei den Leuten gegeben, zitiert er einen amerikanischen Soziologen dieser Jahre. Dann brauchte es nur noch einen Verbrecher, der den Leuten verspricht, diese Sehnsucht zu stillen. Schon gut, Bonn ist nicht Weimar - und wenn doch ein wenig, dann haben wir uns fest vorgenommen, die alten Fehler zu vermeiden. Und jetzt fragen wir uns nur noch verzweifelt, wie das genau geht. Ganz als wüßten wir es nicht im Grunde längst.

☆

Oder ist es vielleicht eine brandneue Erkenntnis, daß das Geben zufriedener machen kann als das ständige Zusammenscharren, daß etwas abzugeben von dem Beutegut nicht nur den Familienfrieden wieder herstellen kann, sondern auch den Frieden in einem Volk? Hat noch nie jemand formuliert, daß Menschen nicht wirklich glücklicher werden durch den Ankauf des jeweils neuesten Videorecorders? Wir wissen das durchaus alles: Das Problem besteht ja nur darin, diesen unseren besseren Einsichten wieder auf die Sprünge zu helfen, Konsequenzen daraus zu ziehen, daß erfolgreiches Leben nicht zuletzt durch "intelligente Selbstbeschränkung" gelingt, wie Habermas das formuliert.

Wenn man sich auf diese Prämisse (und auf deren logische Konsequenz: das Teilen) einigen könnte, müßte man womöglich nicht einmal die Einführung einer Arbeitsmarktabgabe für Beamte und Selbständige als Katastrophe empfinden; und auch der Versuch wäre erlaubt, den sozialen Wildwuchs zu beschneiden, der bei der Überversorgung von Abgeordneten mit Ruhe- und Übergangsgeldern langsam das Verständnis der Bürger zu überwuchern beginnt.

Daß die Politiker das nötige Umdenken alleine organisieren könnten, ist im Augenblick schon deshalb eine Illusion, weil sie selbst davon betroffen sind; andererseits sind sie natürlich schon dazu da, den schlimmsten Auswüchsen der Raffgier wenn nötig mit Gesetzen zu wehren. Daß es zum Beispiel seit 15 Jahren bei uns keine nennenswerte Diskussion mehr über eine Bodenrechtsreform gibt, ist ein Skandal; schließlich ist definitiv nicht zu erwarten, daß die Grundstücksverwaltungen in den Versicherungen und Banken sich eines Tages zu schämen beginnen und von sich auch darauf verzichten, die letzte Mark aus ihren Häusern an der Münchner Maximilianstraße herauszuquetschen.

Der ganze große Rest wäre so etwas wie eine kollektive Gewissenserforschung, die am besten jeder bei sich selbst beginnt. Vielleicht genügt aber schon eine kühle Rechnung, wie sie ("sonst werden sie euch in die Flüsse jagen") Erich Kästner in seiner berühmten *Ansprache an die Millionäre* formuliert hat: Der Mensch ist schlecht. Er bleibt es künftig./ Ihr sollt euch keine Flügel anheften/ Ihr sollt nicht gut sein, sondern vernünftig./ Wir sprechen von Geschäften.

Geholfen hat der Appell ja nicht viel. Immerhin hat, weil das Land sich ändern muß (und weil auch nicht mehr so viel Geld da ist), Edzard Reuter inzwischen schon mal die Freude an seiner S-Klasse des Mercedes verloren.

Ach ja, August Everding hat angerufen und mitgeteilt,
daß in seiner Wohnung sehr hohe Heizkosten anfielen
und daß seine Tätigkeit als Generalintendant
sehr wohl zu definieren sei.
Ich gebe das mal so weiter.

Her mit den Werten, aber sofort!

*Im Sommer 1993 wird leidenschaftlich über die Frage
diskutiert, wozu wir unsere Kinder erziehen sollen.
Leider nicht sehr seriös.*

Wertekrise. Wertemangel! Werteverlust!! Da haben wir
mal wirklich ein Thema. Eine ganze Nation rutscht gerade
auf dem Bauch herum und schaut unters Sofa, ob ihre
Werte darunter gekullert sind. Dabei liegen sie auf der
Straße, die Werte, das heißt, sie fahren, wenn sie nicht
gerade stehen; wir reden natürlich von Autos.

Soeben hat kein geringerer als Vorstand Jürgen Hubbert
von Mercedes-Benz in der hochglänzenden Kundenzeit-
schrift seines Unternehmens ein richtiges Editorial zur
Werte-Frage geschrieben, unter der Überschrift: "Ein ganz
neues Wert-Gefühl". Wie darin ausgeführt wird, ist die
neue C-Klasse nach der "Grundphilosophie" von "wertvol-
ler, aber nicht teurer" ersonnen worden, was besonders
"erfahr- und erlebbar" werde, weil "auf der Werteseite ein
spürbarer Zugewinn beim Innen und Kofferraum steht".

☆

Das war jetzt natürlich polemisch: Auch ein Stuttgarter
Vorstand kennt zweifellos andere Werte als die Größe
eines Kofferraums. Andererseits ist schon auffällig, wie
verschwenderisch das Top-Busineß und seine Chef-Ver-
käufer sich neuerdings mit dem Vokabular aus der Kiste
Philosophie & tiefere Bedeutung bedienen, wenn sie doch
nur ihren Umsatz steigern wollen. Noch ein Blick in die
oben zitierte Hochglanzzeitschrift? Diesmal handelt es
sich (unter der Überschrift "Reflexionen") um "eine Betrachtung zu einem Thema dieser Zeit". Sie handelt von
der morgendlichen Autofahrt zu einem See und beginnt
folgerichtig mit dem Satz: "Das war wie eine Andacht". Es
folgen lange lyrische Ausführungen ("Ich brauchte diese
Andacht, kein Mensch weit und breit, nur Reiher und
Kraniche..."), mittendrin ein Anfall ökologischer Bangig-
keit ("... der Schalsee, höre ich, ist krank, das geht mir nahe,

keine Andacht mehr für die, denen wir die Erde hinterlassen?"). Und dann ein Fazit von so gnadenloser Dummheit, daß man es in Styropor meißeln müßte: "Dennoch, vielleicht müßten viel mehr Menschen an schönen Sommermorgen in aller Herrgottsfrühe ihre Autos aus den Garagen holen und zur entlegenen Andacht fahren, damit sie wissen, was wir verlieren können." (Und damit sie sicher sein können, daß wir es auch wirklich verlieren.)

Nun gut, Spitzenprodukte der Werbelyrik, nichts weiter. Sie stehen hier für die heillose Geistesverwirrung einer Zeit, in der wir alle edel sein wollen und gleichzeitig reich, in der wir es ziemlich gut meinen und leider nicht wissen, wie wir die Widersprüche auf den Begriff bringen sollen: Auch der ökologisch durchtrainierte Moralist flieht ja gelegentlich mit seinem Auto aus dem Großstadt-Gestank, zu dem er persönlich nicht wenig beiträgt; auch der moralisch schwer munitionierte Zeitungsredakteur grämt sich über den Rückgang der Stellenanzeigen von Autokonzernen, die ihm doch einen Teil seines Gehalts garantieren sollen. So genau möchten wir wohl alle nicht sagen müssen, was für uns die entscheidenden Werte sind. Und was für uns daraus folgt.

☆

Weil die Lage verworren ist, deshalb ist erst einmal mit Verurteilungen aller Art nicht so sehr viel gewonnen. Weil sie verworren ist, bringen uns auch die Ausführungen des Lesers W. aus T. nicht sehr viel weiter, der uns kürzlich ein paar Anmerkungen zum Thema Werte eingesandt hat, in denen es heißt, an "allen drei Zinken" des Mercedes-Sterns klebe Blut, überhaupt sei dieser Stern - als Symbol einer der größten Kapitalgesellschaften, eines Rüstungskonzerns - "Luzifers Zeichen".

So wollen wir das nämlich nicht glauben, schon rein statistisch nicht. Säße Luzifer wirklich heimlich im Daimler-Vorstand, dann müßte man sich doch fragen, warum er nicht in einem der anderen tausend Großkonzerne der Welt Tantiemen bezieht. Mit anderen Worten: Die absolut Bösen sind schon von der Definition her eher selten - und ganz bestimmt hilft es uns nicht weiter, sie exakt bei Autoproduzenten oder bei U-Boot-Fabrikanten dingfest machen zu wollen. (Das ändert nichts an der Feststellung, daß Waffenproduktion und Waffenhandel - woran vor allem die Aktienbesitzer verdienen, aber eben auch die Arbeiter in Fabriken und Werften - zu jenen menschlichen Errungenschaften zählen, auf die stolz zu sein wir die allergeringsten Gründe haben.)

☆

Erst einmal sollte also möglichst wenig in eine Richtung moralisiert werden, wenn wir in diesen Tagen über die Drucklegung eines neuen Werte-Katalogs nachdenken Wahr ist freilich, daß es sehr handfeste, politische Anlässe für die gegenwärtige Werte-Suche gibt. Der Verdacht ist ja gut abgesichert, daß der Mangel an Lebens-Sinn, an Verankerung und Perspektive der entscheidende Grund sein könnte, wenn junge Leute sich Abend für Abend mit Alkohol zuschütten und wenn sie in diesem Zustand auf Fremde aller Art einschlagen oder deren Häuser anzünden. Unterschiedliche Opfer, tief verstörte Täter: Verstört, weil die Fremden eine schwarze Haut haben oder weil sie reich und allzu glücklich aussehen oder weil sie im Gegenteil als Penner im Rinnstein liegen und die Totschläger so daran erinnern, wie sie in ihren schlimmsten Ängsten die eigene Zukunft, die drohende eigene Möglichkeit ahnen. "Wer sich selbst und sein Ich nur mit großer Mühe zusammenhalten kann", schreiben Eisenberg und Gronemeyer in ihrem rororo-Versuch über Jugend und Gewalt, "schlägt und tritt auf den ein, der bereits liegt und sich fallen gelassen hat."

Der Werteverfall, hier ist er mit Händen zu greifen. Der da liegt, ist nichts wert, sagen die Treter. Und treten zu in der Panik, daß sie sich eines Tages eingestehen müssen, wie wenig Wert es gehabt hatte, auf der Welt gewesen zu sein. Wenn aber das eigene Leben die Mühe nicht wert sein könnte, was kümmert einen dann das Leben des anderen? Es käme also darauf an, sich erst einmal selbst zu würdigen, und zu wissen, was diese Würde, was den eigenen Wert ausmacht.

Wert. Ein mehrdeutiges Wort war das immer. Immer schon gabe es die handfeste ökonomische Bedeutung, die nichts weiter als den Kaufpreis eines Gegenstandes meinte, und daneben jene zweite, übertragene: Die stand für den Versuch, das menschliche Verhalten anhand eines sittlichen Bezugssystems zu beschreiben, zu bewerten eben. Solange Gott im Bewußtsein der Menschen lebte, war dieser Versuch zwar auch höchst kompliziert, aber man wußte wenigstens, wovon man redete. Als er für tot erklärt wurde, begann die *Umwertung aller Werte*.

Nietzsche hat es zwar nicht so gemeint - aber wundern würde es ihn nicht dürfen, daß neuerdings die inneren Werte eines Kofferraums mit dem Wert durcheinander-purzeln, der darin besteht, andere Menschen wie Menschen zu behandeln, selbst wenn es Kinder sind, die mit einem Wasserkopf zu Welt kommen. Wenn das Bezugssystem fehlt, kann man nämlich auch *wertfrei* - ein angesehenes Wort - darüber diskutieren, ob schwerstbehinderte Säuglinge ein eigenes Recht haben zu leben oder nicht (wie das der Australier Peter Singer sagt): Manche Wissenschaftler denken darüber so, andere anders. Hauptsache, eine neue Wochenzeitung hat eine fetzige Debatte.

☆

So abwegig ist also die Verzweiflung gar nicht, mit der nun dauernd gestandene Elternbeiräte und Kulturpolitiker von jedem Amateur-Ethiker wissen wollen, zu welchen Werten unsere Kinder erzogen werden sollen. Sie ist nur auch ein bißchen unseriös und lächerlich: Insofern die Debatte nämlich so tut, als habe die Menschheit sich über die Jahrtausende hinweg nicht wenigstens auf die paar Minimalstandards fürs erträgliche Zusammenleben geeinigt, die für den pädagogischen Hausgebrauch auch unserer Tage ausreichen würden. Toleranz, Freiheit, Gerechtigkeit beispielsweise: - wenn wir nur diese drei Werte auch lebten, anstatt ständig über ihre Rangfolge zu schwadronieren - fast alles wäre gewonnen.

So einfach machen wir es uns allerdings nicht, dafür ist es viel zu spannend, an der Wertstoff-Börse ständig neue

Kurse festzusetzen. Das alles ist kein neuer Handel, natürlich. Schon immer hat es die Diskussion über die Frage gegeben, welche Tugend denn nun gerade die wichtigste wäre: - die Liebe zum Vaterland oder die zum Nächsten, der Gehorsam gegen die Eltern oder der gegen Gott. Immer, wenn die Pädagogen einigermaßen vernünftig waren, erzogen sie die Kinder ein wenig zu allen diesen Tugenden und hofften, die Zöglinge würden im Konsens mit den Erwachsenen schon selbst herausfinden, welche Werte gerade besonders ernst genommen werden müssen, wenn das Boot eine bedrohliche Schlagseite in die andere Richtung bekommen hat.

☆

Konsens also, auch so ein Modewort - aber zu leugnen ist ja nicht, daß die Demokratie auf vernünftig zustandegekommene Übereinkünfte genauso angewiesen ist wie die Pädagogik. Wenn in den Diktaturen die jeweils herrschenden Vaterlands-Fanatiker oder Klassenkampf-Fanatiker befehlen, welch einziger Wert künftig gelten soll, enden auch die Schüler in den Blutbädern. In Zeiten der Verunsicherung dagegen wäre es ein gewaltiger Fortschritt, wenn man die Werte, auf deren Wichtigkeit wir uns halbwegs geeinigt haben, nebeneinander gelten lassen würde; und wenn man verstehen würde, wie hilfreich die meisten von ihnen sind. Nichts ist schlimmer als die Stupidität, die den Wert eines Lebens aus der Beförderung des Vaters zum stellvertretenden Filialleiter bezieht. Wenn der Sohn merkt, daß er es soweit nicht bringen wird, sieht er schon deshalb rot.

Die Bundesrepublik Deutschland, und nicht nur sie, hat schon viel zu lange von pädagogischen Scheingefechten gelebt. Mal waren die alten Tugenden in Mode ("Glaube an Gott, Liebe, Vertrauen, Opferbereitschaft"), dann wieder angeblich *neue* wie Zivilcourage, kritisches Bewußtsein, Emanzipation. Immer tat man so, als ob diese Werte einander ausschlössen - und als ob es die wichtigste Aufgabe der Kulturpolitik wäre, eine verbindliche Hierarchie dieser Werte festzulegen. Die Linken haben behauptet, daß die konservativen Lehrpläne nur Duckmäuser und

Opportunisten erzogen hätten, die Rechten, daß aus den hessischen Rahmenrichtlinien geschlossen der gesamte schwarze Block bei den Wackersdorf-Demos entspränge.

☆

Nichts davon stimmt in der Praxis, wie jeder weiß, der sich an die eigene Schulzeit erinnert. Mancher von uns mußte im katholischen Knabenseminar, allein(!), mit der Badehose duschen - und ist trotzdem nur leidlich verklemmt geworden. Mancher von uns ging in den fünfziger Jahren auf ein oberbayerisches Gymnasium und hatte - die Lehrpläne waren voll mit der Aufarbeitung der Nazi-Vergangenheit - einen Geschichtslehrer, der mittendrin den rechten Arm hob und mit leuchtenden Augen skandierte "Deutsch die Saar, immerdar": Und vielleicht machte gerade ein solcher Pädagoge sein Opfer lebenslang immun gegen die stolzen Deutschen.

Obwohl jeder solche Erfahrungen gemacht hat, feiert jetzt, in der Krise, der blinde Aktionismus Triumphe: Her mit den Werten, aber sofort. Kürzlich hat die nordrheinwestfälische CDU einen Antrag im Landtag gestellt, mit dem endlich die einzig richtigen Werte amtlich beschlossen werden sollen. "Wir kommen nicht um die Erkenntnis herum", heißt es da, "daß das Fehlen eines allgemein gültigen Wertebewußtseins auf Versäumnisse in der Erziehung zurückzuführen ist."

Wie aus dem weiteren Text hervorgeht, wird der Düsseldorfer Landtag "die Ehrfurcht vor Gott" und die "sittliche Verantwortlichkeit" wieder einführen und gleichzeitig die "Selbstverwirklichung" abschaffen. Freilich nur, wenn sich eine Mehrheit für ihren Antrag findet.

☆

Das ist schierer Unsinn, sonst dürfte sich kein Mönch mehr in der Hingabe an Gott selbst verwirklichen. Das besonders Groteske aber ist, wie sehr auch heute noch an die Macht der Institutionen geglaubt wird. Daß sich die geistig-moralische Wende nicht durch eine Regierungserklärung herstellen läßt, weiß niemand so gut wie eine christliche Partei, deren wesentlicher Erfolg auf dem Gebiet der Moral die Einführung des privaten Soft-Porno-Fernsehens gewesen ist. Und daß sich die sittliche Verfassung einer Gesellschaft nicht mit Lehrplänen in den Griff bekommen läßt, hätte man ebenfalls in Deutschland beobachten können. Wäre es anders, dann wären mit Hilfe der straffen Lehrpläne in der DDR lauter Muster-Sozialisten entstanden.

Liegt da der Verdacht nicht nahe, daß auch die erzieherischen Defizite von heute nicht viel mit dem besonders miserablen Zustand unseres Schulwesens zu tun haben können, wie er gelegentlich in *Spiegel*-Artikeln geschildert wird, in denen ausschließlich ausgebrannte, unfähige oder zynische Lehrer vorkommen?

Die Wahrheit ist, daß in den letzten Jahren natürlich weder die Lehrerschaft schlechter geworden ist - eher im Gegenteil -, noch die ministerielle Vorgabe, und daß es auf die letztere sowieso kaum ankommt im Vergleich mit Neigung und Talent des jeweils einzelnen Lehrers. Kein Minister wird etwas daran ändern können, daß auch künftig mancher Studienrat sein pädagogisches Ideal im ordentlichen Federmäppchen seines Schülers verwirklicht sieht. Umgekehrt wird ein Lehrer selten dafür gemaßregelt, daß ihm das Federmäppchen weniger wichtig ist als die kindliche Freude über Mörikes Mitternachtsgedicht. Und auch im Werte-Getümmel ist das so: In einer ganz großen Bandbreite zwischen extrem rechts und extrem links darf jeder Lehrer ohne großes Risiko seine eigenen pädagogischen Steckenpferde reiten wie er will - und er tut es auch. Schule ist wichtig, aber was sie nicht oder nur sehr wenig ändern kann, ist der Zustand der Gesellschaft, in dem sie veranstaltet wird.

Der allerdings ist sehr viel komplizierter geworden: Der Lehrer kann nichts dafür, wenn in manchen Großstadt-Klassen fast jedes Kind einer Familie entstammt, aus der ein Elternteil verschwunden ist, mit oft schrecklichen Folgen für die seelische Verfassung eines so mißhandelten Kindes. Der Lehrer hat natürlich auch die Zustände nicht gemacht, die zu Massenfluchten aus Bosnien oder Rumänien führen und also zu Hauptschulklassen, in denen die Kinder miteinander nur noch das Nötigste reden können, weil sie einander nicht verstehen. Wenn es wahr ist, was Konrad Adam in der *FAZ* als Diagnose deutscher Kinderärzte zitiert - jedes zehnte Kind leidet an chronischen Krankheiten, jedes fünfte ist sprachgestört, jedes dritte ist verhaltensauffällig -, dann ist das bekanntlich nicht das Ergebnis schlechter schulischer Erziehung. Umgekehrt: Die Zustände machen die schulische Erziehung so schwierig, daß die Lehrer unsere Solidarität verdienen, statt der landesweit üblichen Häme.

Jammern hilft sowenig weiter wie das ständige Werteordnen auf mittlerem intellektuellen Niveau; eher sollten wir die Probleme nüchtern registrieren - und dann sortieren in solche, die wir ändern können oder nicht. Nicht realistisch ist die Hoffnung, daß sich die alten Idyllen - die ohnehin nie welche waren - durch gutes Zureden wieder herstellen lassen: lauter prächtig zusammenstehende Familien, lauter Schulklassen mit deutschen, also artigen Kindern. Zu den Bosniern und Rumänen werden die Russen und Albaner kommen, und wir werden mit ihnen auszukommen haben, genauso wie sie mit uns. *Wie* wir alle miteinander auskommen, hängt allerdings vom gesellschaftlichen Klima des Landes ab, von jenem Klima, das am nachdrücklichsten unsere Kinder erzieht. Wie bekannt, erziehen sich die Kinder in diesem Klima vor allem gegenseitig, weshalb zum Beispiel die Übereinkunft nützlich wäre, daß der regelmäßige Verzehr von fünf Litern Bier einen Jungen nicht zum Mann macht, sondern zum Alkoholiker.

☆

Gewiß ist die Arbeit an dieser Klimaverbesserung eine ungeheuer mühsame Sache, täglich wird es tausend Rückschläge geben. Aber einfach ist sowieso nichts. Wer seine Kinder erzogen haben will, wird um den Versuch einer gesellschaftlichen Ächtung gewisser Schrecklichkeiten nicht herumkommen, solange bis sich die gewinnsüchtigsten Fernsehveranstalter für einige ihrer Programme genauso genieren wie die stumpfesten Eltern, wenn sie ihre

elfjährigen Kinder mit Hardcore-Videos vor dem Fernseh-
schirm abstellen. Wer seine Kinder erzogen haben will,
wird darauf achten müssen, daß sie ihn nicht täglich bei
den krassesten Heucheleien ertappen. In diesem Sinne ist
es nur gut, daß der Studiendirektor mit seinen Umweltpre-
digten in Biologie von den Schülern regelmäßig gefragt
wird, warum er eigentlich mit seinem Auto in die Schule
fährt. (Diese Tugend heißt Zivilcourage -, und wir sollten
sie so wenig entbehrlich finden wie gewisse sogenannte
Sekundärtugenden - Fleiß, Pünktlichkeit -, ohne die man
im Leben schwer auskommt und zu deren Erzeugung es
manchmal nötig ist, einem Kind ein paar Grenzen aufzu-
zeigen.)

Ansonsten hat die Vermittlung von Werten dann noch
sehr viel mit der Frage zu tun, um wen wir uns wirklich
kümmern, wie es mit der Sorge um jene Jugendlichen am
unteren Ende der sozialen Skala aussieht, die schlicht wieder eine Perspektive brauchen.

Geredet wird ja viel über die Probleme der Hauptschule
und über die Tatsache, daß der Mensch nicht beim Gym-
nasiasten beginnt. Was freilich die Praxis angeht, so hat
eine Gesellschaft nur allzu viele Möglichkeiten, ihren einzelnen Mitgliedern klar zu machen, wer dazu gehört und
wer nicht. Daß sie nicht so sehr dazu gehören, haben zum
Beispiel die bayerischen Hauptschüler in diesen Wochen
wieder erfahren, in denen die Heimatzeitungen voll waren
mit den Berichten von Abiturfeiern, Berichten, in denen
jeder einzelne Abiturient sorgfältig aufgezählt wurde; daß
über die Schulschlußfeiern der Hauptschulen in der Regel
gar nicht berichtet wird, ist eher gut - man käme manchmal
nicht darum herum, eine gewisse Trostlosigkeit zu schildern.

☆

Da wären wir dann wieder bei den Werten: Wenn die
Kriterien, an denen die Gesellschaft das Gelingen einer
Biographie mißt, nur Geld sind oder Karriere oder der
akademische Grad, dann braucht sich keiner zu wundern
über die Frustration des Hauptschülers, dem vom fünften

Schuljahr an klargemacht wird, daß jeder halbwegs intelligente Mitschüler nur ein Ziel hat: nämlich von ihr und von ihm davonzukommen. Irgendwann wird er merken, was man von ihm hält. Wenn dann noch ein paar Unglücksfälle hinzukommen - Arbeitslosigkeit, Streß mit den Eltern -, dann findet er sich womöglich mit seinem ganzen Haß eines Tages im Münchner Stachus-Untergeschoß wieder und tritt einem jungen Mann das Auge aus, der ihm nichts weiter getan hat, als adrett auszusehen.

Die höhere Schulbildung allein ist es ja wirklich nicht, die "unser Wertesystem stabil macht", wie das der Pädagogikprofessor Hurrelmann kürzlich von der deutschen Schule gefordert hat. Daß Mitleid vielleicht die menschlichste aller menschlichen Tugenden ist, wissen erfreulicherweise Menschen aller Gehalts- und Bildungskategorien. Worauf es ankäme, wäre eine neue breite Diskussion über Lebens-Chancen und Lebens-Inhalte aller Menschen im Lande, eine Diskussion, die den jungen Leuten nicht von oben herab erklärte, warum sie opferbereit und solidarisch sein müssen.

Vielleicht beginnen wir ja ganz praktisch mit einer Debatte über die Bildungsreform, in der - nur als Beispiel - nicht von vornherein die Gesamtschule wieder zu Teufelszeug erklärt wird. Die hätte womöglich einigen Wert.

Inzwischen hat sich auch der Bundeskanzler stark eingeschaltet in die Diskussion. Wenn wir ihn richtig verstanden haben, wird alles besser, wenn die Kinder wieder zu den alten Werten erzogen werden. Und wenn weniger das Abitur machen.